Серия: Наследие древних русов

Сергей Бородин

ГРАМОТА РОДОМЫСЛА

Издательство Шемшук и К
Москва
2011

ББК 87.3 (2РОС)
Б 23

Автор Бородин Сергей Алексеевич «Грамота Родомысла», Издательство Шемшук и К, 2011 год, 208 стр.
Тираж 3000 экз. Заказ № 1105610.

В книге рассказывается о Родомыслах - древнем сословии русичей. Испокон веков Родомыслам поручалось выстраивание взаимоотношений людей с любыми техническими системами. Автором подробно освещаются вопросы взаимодействия современных Родомыслов с образцами технической мысли, созданных в соответствии с самыми передовыми достижениями научно-технического прогресса. Рассмотрены методы и цели деятельности Родомыслов, их специфические взгляды на объективную реальность, достаточно кардинально отличающиеся от классической научной картины мира.

Редактор Жуков О.В.
Художник Тюрин А.А.
Вёрстка Жуков А.В.

ISBN 978-5-91898-028-6

Отпечатано в полном соответствии с качеством предоставленного электронного оригинал-макета в ОАО «Ярославский полиграфкомбинат»
150049, Ярославль, ул. Свободы, 97

СОДЕРЖАНИЕ

Глава III. Метафизика бытия Родомыслов

В древности, в ведические времена процветания Руси, РОДОМЫСЛАМИ звались глубоко ведающие Истину служители Рода небесного.

СО-ТВОРЕНИЕ

Письмена, приводимые ниже, отражают таинство сотворения новой реальности Жизни РОДОМЫСЛАМИ, осознавшими своё предназначение на Земле. Сотворение сиё производится мыслями, рождёнными светом сердец этих людей. Создание данного Труда, представляющего собой Уклад Жизневедения Руси Ведической, в возрождении которого принимает участие каждый из призванных божественным провидением представитель сословия РОДОМЫСЛОВ, имеет целью донесение людям всей планеты вести исконной Мудрости. Список творцов проявляемого манускрипта, вносящих силой своих мыслей посильный вклад в созидание гармоничного будущего Рода человеческого, ограничен только чистотой помыслов претендующих на то людей.

Право неискажённого воспроизведения, полного или частичного, в любой форме и на любых информационных носителях текстов ГРАМОТЫ РОДОМЫСЛА предоставляется всем, кто сердцем ощущает наступление новой эпохи Света на нашей благословенной планете.

Речение Родомысла
Вступление
ПРОМЫСЕЛ РОДОМЫСЛОВ

Конкретной программы у Родомыслов нет и быть не может в силу процессуальности характера их деятельности. Каждый из них, входя в творческое пространство Родостава, действует строго по индивидуальной программе, свойственной только ему в силу его личностных устремлений, жизненного опыта, обретённых знаний, уровня осознания действительности.

Собственно, прикладная сфера их труда, к какой бы области она не принадлежала, - это всего лишь фоновый режим истинных мироустроительных усилий Родомыслов. Главное, для чего они призваны в этот мир, состоит в их мыслительном процессе по "оживлению" мёртвой техногенной среды. Основная часть технических систем мертва и воздействует на биосферу разрушительно. Однако многие технические средства создавались с целью созидания и призваны были обеспечить временное замещение утраченных или неразвитых по тем или иным причинам физиологических возможностей человеческого организма. Их создатели то ли по незнанию, то ли по легкомыслию, то ли по неспособности, то ли специально, то ли в результате неотвратимых обстоятельств не оживили их, что привело к вычленению их из эволюционного потока развития Земли.

Родомыслы, обладая способностью мысленно выходить на уровень сверхсознания и сверхчувствительностью к исходящим от техносферы потокам энергии, интуитивно идентифицируют такие "брошенные" образцы техники или нереализованные технические проекты, вычленяют их из хаоса разнородных технических нагромождений и вводят их в общий поток Жизни. Такое "магическое" действие производится ими с помощью животворящего мышления, при котором искусственно созданные человеком технические системы становятся способными принимать потоки духовной энергии. Другими словами, мысль, эта тонкоматериальная энергия, наполняет техническую конструкцию особым видом вещества подобно электричеству, заряжающему аккумулятор, после чего данное техническое устройство обретает принципиально новые качества, которые обобщённо называются "разумностью", у него появляется своя аура, а система таких "оживлённых" технических систем становится способной создавать свои эгрегориальные структуры в тонком мире.

Родомыслы взаимодействуют с "живой" техникой как равные партнёры, соучаствуя вместе с ней в творческом структурировании окружающего пространства, которое в результате насыщается живительными энергиями мироздания. Мыслеформы Родомыслов меняют отношение людей к оживлённым таким образом техническим устройствам, запуская тем самым механизм общения с аппаратурой как с равноценным разумным существом (все, наверное, помнят старых мастеров, у которых технические изделия исправно работали даже в таких экстремальных условиях, при которых такого не должно было бы происходить по всем известным законам физики).

Конечно, далеко не все технические изделия достойны того, чтобы быть подключенными к взаимодействию со светоносным тонким миром. Это становится возможным только в том случае, когда те или иные части техногенного мира согласуются с эволюционным планом Земли по принципиальным параметрам. Технические устройства и целые пласты технического обустройства современной цивилизации, не имеющие полезной для жизни планеты перспективы в будущих временах и разработанные с отрицательными целями инволюционного плана, подлежат технологическому или естественному уничтожению, как бы это не было обидно их создателям и как бы не старались их пользователи продлить им срок службы.

Родомыслы не должны допустить, чтобы "инструмент", то есть техническое обеспечение жизнедеятельности людей, слился с объектом приложения этого "инструмента" - с земным человечеством. Если такое произойдёт - это будет актом самоубийства людей планеты Земля. Те, кто понимает эту простую истину, спокойно реагирует на отмирание целых отраслей промышленности, на прекращение НИОКР по целому ряду вроде бы перспективных с точки зрения сегодняшнего дня направлений, на участившиеся техногенные катастрофы.

4.10.2000

ГЛАВА I
УЩЕРБНОСТЬ ПОЗИТИВИСТСКОЙ НАУКИ

ЗЕМНАЯ НАУКА - ПРИСЛУЖНИЦА ВНЕЗЕМНОГО ТЕХНИЧЕСКОГО РАЗУМА

Во времена глубокой древности кремниевая форма жизни из удалённой звёздной системы, проявленная в пространстве интегрированным техническим разумом одной из технотронных цивилизаций Большого Космоса, в результате скрупулёзного сканирования космического пространства обнаружила нашу планету, включив её в число возможных объектов своей экспансии. Кремниевые разумные существа, которым в принципе неведомы эмоции по причине отсутствия у них органов чувств, наличие которых не является для данной формы жизни её сущностным характеристическим свойством, провели инкогнито комплексное обследование Земли, в результате чего она была признана пригодной для развития на ней данной формы жизни. И тогда упомянутая технотронная цивилизация начала активно осваивать земной мир, опираясь на безграничные возможности своего технического разума.

После тщательной оценки ситуативной обстановки на Земле интегрированный технический разум дал указание своим посланцам запустить долговременный механизм изменения условий жизни на планете, имея целью доведение геофизических параметров до оптимальных с точки зрения эффективного развития земной колонии космической технотронной цивилизации. Исполняя данное указание, пришлые кремниевые существа, являющиеся носителями инопланетного технического разума, в процессе освоения планеты, на которой формально пока ещё доминирует биологическая форма жизни, вплоть до сегодняшних дней действуют по двум основным направлениям.

Первое направление деятельности на Земле представителей кремниевой формы жизни заключается в переключении земного человечества с естественно-природного пути развития на искусственно-технократический. Ради реализации этой цели внеземной технический разум данной формы жизни привнёс в мир Земли техническое направление развития человеческой цивилизации, равно как и товарно-денежные отношения, которые являются неотъемлемой частью концепции всесторонней технизации мира Земли, включая как различные человеческие социальные образования, так и непосредственно организмы людей. Техника и деньги - это две взаимодополняющие друг друга инструментальные составляющие, с помощью которых кремниевая форма жизни поглощает всё новые и новые космические миры, уничтожая в процессе такого поглощения все альтернативные ей аборигенные формы жизни этих миров.

Осуществляется же задача перевода людей с природных на технические стандарты жизни посредством прямой трансляции в умы земных учёных идей научно-технического прогресса, которые в сообществах людей традиционно стали котироваться в качестве гениальных открытий, определяющих не только генеральные направления дальнейших научных исследований, но и ни много ни мало - основные тенденции развития земной цивилизации. Такие научные открытия с регулярной постоянностью свершались в прежние времена и совершаются в сегодняшние дни земными учёными под неусыпным наблюдением и управлением инопланетных кремниевых существ, в результате чего землянам шаг за шагом был навязан гибельный для них образ жизни, базирующийся на технократической основе. Этот неестественный для людей Земли уклад жизни спровоцировал образование убийственных для организма людей техногенно-урбанистических конгломератов, в которых естественно-природная среда обитания человека была подменена искусственной средой, бескомпромиссно агрессивной по отношению к природному началу любых биологических существ. К слову сказать, под воздействием эманаций такой искусственной среды обитания в организмах людей в течение тысячелетий постепенно отмирали изначально присущие им способности, которые сегодняшнему человеку представляются не иначе как волшебными. В итоге, к настоящему времени биоплоть среднестатистического жителя какой-либо городской агломерации представляет собой лишь жалкое подобие организмов наших могучих в духе и теле предков - исконных детей Земли.

Запущенный в глубокой древности указанный процесс самоуничтожения помрачённых в разуме землян, а через них - уничтожения всей биосферы планеты безотказно работает и в настоящее время. Сегодня внеземной технический разум может гордиться результатами своей деятельности по этому направлению: технократический образ жизни стал основным определяющим признаком цивилизационных достижений земных стран и народов. А это в свою очередь привело к созданию на планете всеобъемлющей техносферы, из недр которой уже выпестовался развитой искусственный интеллект - порождение внеземного технического разума кремниевой формы жизни, приступившей с его помощью к завершающему этапу поглощения мира Земли.

По второму направлению своей глобальной деятельности по освоению Земли технотронная цивилизация существ кремниевой формы жизни, обладая колоссальным уровнем технического развития, безостановочно ведёт тайную работу по преобразованию геофизики Земли, включая и климат планеты. Имеющийся у кремниевых пришельцев научно-технический потенциал, на миллионы лет опережающий скромные технические достижения земной цивилизации, позволяет им так влиять на планету в целом, что на ней по воле этих инопланетных захватчиков стали случаться потопы, сдвиги тектонических плит, оледенения, мощнейшие землетрясения, бури, торнадо, смерчи и ураганы, пока, наконец, не наступило глобальное потепление, которое, впрочем, в любой момент может быть заменено глобальным похолоданием.

Приходится констатировать, что к настоящему времени геофизика планеты уже изменена кардинальным образом. При этом так называемая земная наука теряется в догадках о причинах и механизмах геофизических процессов, существенным образом изменивших и продолжающих в ускоренном режиме изменять условия жизни на планете. Значительных успехов кремниевые существа добились и на первом направлении своей деятельности по установлению на Земле своего безраздельного господства: биосфера планеты угнетена настолько серьёзно, что земные флора и фауна вымирают невиданно быстрыми темпами.

Что же касается судьбы самого человечества, то техногенный инопланетный разум и в этом отношении празднует успех, широко продемонстрировав разумным цивилизациям Космоса неразумность человеческих индивидуумов, губящих своими руками краеугольные основы жизни на планете, в том числе и самих себя. К настоящему времени большинство землян низведено практически до животного уровня, о чём свидетельствуют их низменные интересы и пристрастия, с особой разнузданностью освещаемые в средствах массовой информации (особенно красочно - на телевидении) и в кинематографе. Эти низменные животные инстинкты когда-то разумных людей широко культивируются в литературе и искусстве, а различные политиканы и кумиры масс-культуры без всякого стеснения проявляют свои животные страсти на различных общественных площадках под иступлённые беснования фанатичных толп. Подобное состояние моральной и нравственной деградации землян вызывает образование в пространстве Земли плотного поля разрушительных энергий, что является веской причиной тому, что за гибнущее человечество никто из разумных существ многочисленных космических цивилизаций не заступится, не возвысит голос в защиту человеческой формы жизни, и тем более не придёт на помощь коренным жителям Земли, находящимся в эйфории своего животного гедонизма.

Таким образом, земная наука на пять с плюсом выполнила задачу, поставленную перед ней внеземным техническим разумом, в результате чего земное человечество, уже почти потеряв свою родную планету, в обозримом будущем перестанет существовать сначала в разумном виде, а затем - и на физическом плане. Остаётся только саркастически поаплодировать безрассудной слепоте учёных земных академий и прочих античеловеческих научных заведений.

22.07.2010

ПЕЧАТЬ СОКРЫТИЯ ИСТИНЫ 1666 ОДА

Духовно ущербные прислужники древних Магов, хитростью, лестью, коварством, жестокостью обрели доступ к знаниям пращуров рода человеческого. Так появился клан тайнознатцев, который установил монопольное владение всем сводом реальных законов мироздания. Принудительная узурпация изначальных знаний дала касте новоявленных жрецов абсолютную власть над человеческими сообществами, развитие которых с тех пор стало выстраиваться на базе ложных мировоззренческих постулатов. Для упрочения своей абсолютной власти тайным правителям планеты необходимо было превратить всех остальных землян в тупую толпу ненасытных потребителей материальных благ и ценностей. Завладев знаниями наших божественных предков, эти новые жрецы стали вершителями судеб людских на территории всей планеты. Они ощущали себя земными богами, относясь к простым людям фактически как животным примитивного разума. Возомнив себя владыками всего сущего на земле, они стали активно разрабатывать систему консервации исключительного права строго определённых лиц на владение древними представлениями о мироустройстве с целью сокрытия оных от простолюдинов. Естественно, ими делалось всё возможное, чтобы не допустить вторжения в свой "круг избранных" ни одного, пусть даже и наделённого гениальными способностями, представителя низших кругов человечества, низведённого их усилиями практически до уровня животного существования.

В середине XYII века эти тайнознатцы столкнулись с реальной угрозой потери своей монополии на безграничную власть над земным миром, угрозой их устоявшемуся за много веков надчеловеческому положению реальных властителей Земли. Опасность исходила от революционного для своего времени открытия, которое могло позволить многим людям прикоснуться к определённой части древних знаний. Это открытие, являвшееся по сути переоткрытием известного в древности закона физического мира, сделали итальянские метафизики - свободные от диктата тайнознатцев исследователи из Аккадемии дель Чименто, которые после проведения множества практических экспериментов к 1661 году разработали теорию маятника, не противоречащую ни рациональному, ни иррациональному подходу к явлениям жизни. Следует заметить, что в средние века то, что мы сегодня называем "наукой", было составной частью метафизики, изучавшей в едином комплексе материальную и нематериальную стороны окружающего нас мира. Естественно, новые жрецы, узурпировавшие древнее знание, предприняли самые решительные шаги к ликвидации неожиданно возникшей угрозы своему привилегированному статусу. Именно в силу этих причин данное открытие не получило практически никакого признания, было подвергнуто дискредитации и предано забвению. Акакдемия дель Чименто была распущена по тайному указанию Папы Римского местным правителем Леопольдом Тосканским, получившим за это деяние чин кардинала.

Вслед за этим в 1666 году для предотвращения возможности повторения подобных эксцессов была учреждена Парижская Академия наук, устав которой был разработан по образу и подобию традиционных тайных обществ. В качестве дополнительной страховки развития событий в угрожающем для себя направлении академическая элита отказалась от "метафизики" как предмета своей деятельности. Вместо метафизики в оборот было введено понятие "наука", изучающей только то, что можно исследовать в рамках практического эксперимента, и признающей истинным только то, что можно доказать на повторном эксперименте, то есть в предмет научного исследования категорически не включались явления нематериальной природы. Научный поиск человечества, таким образом, искусственно был ограничен лишь малой частью природных явлений исключительно материального порядка. И это при том, что древние знания, которыми пользуются новые жрецы, относят материальные процессы к частным случаям явлений, природа которых недоступна для исследования с посредством инструментального и методологического аппаратов современной науки. Тем самым на науку как таковую изначально была наложена печать сокрытия истины.

Принципы, на которых основывалась французская Академия наук, самая первая из национальных организаций по контролю за интеллектуальной деятельностью граждан отдельно взятой страны, стали обязательными при учреждении всех других национальных академий. Парижская Академия наук положила начало формированию всемирной академической научной сети, призванной поставить под надёжный контроль все исследовательские работы, проводимые учёными, и предотвращать популяризацию запрещённых фактов и открытий. Запрещённых потому, что они чрезвычайно опасны взращенному на них Новому Мировому Порядку - мировой общественной системе жесточайшего закабаления психики человека с целью нещадной эксплуатации земного человечества горсткой людей с античеловеческой моралью, принадлежащих к богатейшим мировым финансовым кланам и ведомых новыми жрецами.

Таким образом, клан новых жрецов организовал собственную легальную организацию, под сенью которой они могут беспрепятственно объединиться и открыто действовать ради поддержания своей неограниченной власти над планетой. По академическому ритуалу предполагается, что все без исключения будущие владетели сокровенных тайн человечества должны получать доступ к истинам, сокрытым от основной части человечества, только в результате прохождения целого ряда растянутых на много лет посвященческих процедур.

Во всех цивилизованных странах впоследствии были учреждены национальные Академии наук, объединённые в общемировое научное сообщество. Каждая Академия разработала чёткую процедурную систему ритуальной этапности, которой обязаны придерживаться все претенденты на доступ к закрытому знанию.

Если же пристально вглядеться в общепринятую схему научной карьеры современного учёного, то можно без особого труда идентифицировать её с процедурой посвящения в круг "избранных", отшлифованной многовековой практикой разнообразных тайных обществ.

На низовых ступенях подготовки к посвящению (младший научный сотрудник, старший научный сотрудник, аспирант, соискатель и т.п.) происходит выборка "достойных", которые смогут преданно служить идее сокрытия истины от "стада слаборазвитых человеческих существ", под которым подразумеваются люди без клейма "учёной степени". На самом деле, в процессе защиты диссертации на соискание учёной степени кандидата наук (бакалавра или магистра) претендент, прошедший горнило нудных, нелицеприятных и оскорбительных для достоинства нормального человека тягот подготовки научного или псевдонаучного диссертационного материала, проходит начальную ступень посвящения.

Первая учёная степень означает фактическую готовность вчерашнего "греческого раба" присягнуть на верность узкому кругу посвящённых, всемерно противодействующих широкому распространению истинных знаний среди людей "низшего сорта". Эта его готовность в дальнейшем подвергается академической научной системой тщательной и изощрённой проверке. Поэтому "молодому учёному" приходится проходить через самые разнообразные искушения мирской славой, материальным благополучием, научной карьерой или почти свершившимися мечтами обо всём этом.

Если неофит в рамках своей дальнейшей научной деятельности не поддаётся естественному желанию поделиться с публикой закрытыми от неё знаниями, которые в ограниченной дозе ему были приоткрыты в качестве испытательного теста, а денно и нощно культивирует и развивает привилегированность статуса учёного сообщества, ему, в конце концов, предоставляется возможность приобщения к святая святых академической науки. Этот претендент на право вхождения в касту новых жрецов как бы случайно начинает получать заманчивые предложения на замещение престижных должностей, нежданно-негаданно становится лауреатом различных премий, вдруг получает престижные гранты, ему как по мановению волшебной палочки присваиваются различные учёные звания и т.д. На этом этапе отсеивается множество неофитов, не справившихся с жёсткими требованиями отбора в число "полностью посвящённых", чем и объясняется большое число пожизненных кандидатов наук, для которых дорога к докторской диссертации принципиально закрыта. Если же первичные знаки принадлежности к высшему обществу не поколеблют верности неофита избранному пути "приобщённого к тайнам мира", ему будет позволено защитить докторскую диссертацию, что знаменует собой принесение присяги совладетеля запретных для простолюдинов знаний.

Но такая присяга не означает автоматического доступа ко всему объёму этих знаний: новому посвящённому предстоит ещё длительная обкатка на различных режимах механизма внутренней сортировки системы Академии наук, прежде чем он обретёт статус члена научной элиты, то есть станет академиком (читай, новым жрецом). Именно полные академики получают право на полномасштабный доступ к системе древних знаний. Именно они получают и полную свободу говорить, рассуждая публично о явлениях, выходящих за рамки научных постулатов сегодняшнего дня. Вполне очевидно, что, пройдя изощрённые испытания на научном поприще в течение значительного срока своей жизни, эти адепты сокрытия знаний обучены умению так поворачивать любую дискуссию, так писать и редактировать научные монографии, учебники, научно-популярные книги и статьи, давать такие рецензии и отзывы на научные работы неофитов, что пионерские попытки кого бы то ни было из альтернативных учёных прорваться к истинным, а не к специально придуманным для массы обывателей знаниям подвергаются жёсткой обструкции. Оперировать к разуму этих узурпаторов древнего знания бессмысленно, так как они связаны присягой, нарушение которой карается самым жестоким образом. Поэтому официальная наука, контролируемая и управляемая ими, - это, с одной стороны, всего лишь инструмент обмана людей обыденного сознания, что ортодоксальными представителями касты новых жрецов свято исполняется с XYII века по сегодняшний день, а с другой - механизм приобщения кланового меньшинства к тайным знаниям, с помощью которых они управляют событиями в мире.

Оболванивание же большинства современного человеческого сообщества было осуществлено посредством внедрения так называемого "научно-технического прогресса" во все сферы жизни человеческого сообщества. На самом же деле человечество, став на путь технотронного развития, вместо широко разрекламированного ускоренного прогресса свалилось в воронку прогрессирующей деградации и превращения в послушное закулисным властелинам "стадо двуногих" с угнетённой функцией мышления, выразившейся в утрате критической оценки происходящих событий.

Однако, несмотря на неимоверные старания клана новых жрецов, царствующих на фоне всеобщего невежества людей, подмётная тупиковость путей развития современной западной цивилизации на основе иллюзий научной картины мира, более трёх веков кропотливо составлявшейся академическими лжецами, сегодня стала очевидна даже людям обывательских представлений об окружающем мире. Современные русские мыслители приковали набатом прорвавшихся к жизни праславянских знаний научных фарисеев и книжников к позорному столбу. Время высоколобых узурпаторов древних знаний с высокими учёными степенями и званиями закончилось. Казавшаяся незыблемой система развития человечества по ложному пути, определяемому псевдооткрытиями ущербной науки, повсеместно саморазрушается. Знания наших предков всё более и более овладевают разумом думающих людей. Теперь любому человеку, способному вместить всю глубину, неординарность и гармоничную беспредельность этих знаний, открыта дорога к ним. Позитивистская же наука конвульсирует. Ей на смену вновь приходит метафизическое осмысление грядущим человечеством всех проявлений жизни.

Новая эпоха ждёт своих героев.

02-12.06 - 19.08.2001

СЛУЖИТЕЛИ МЕРТВЫХ ЗНАНИЙ

Сторонний наблюдатель интеллектуальных тусовок несомненно заметил, как буквально за несколько лет едва ли не каждый второй представитель сферы умственного труда или интеллектуальный самородок обзавёлся различными научными званиями и степенями. Академики, профессора, доктора необычных наук лавинообразно увеличились в своём числе. Нужно отметить, что в России традиционно уважали научных работников. До революции 1917 года деятели науки, инженеры вызывали у населения чуть ли не священный трепет: народная молва достоверно знала о подвижничестве русских учёных, их готовности положить на алтарь науки свой материальный достаток, здоровье и самую жизнь. Поэтому учёные пользовались заслуженным благоговейным почитанием.

Отзвуки этого почитания сопровождали учёных и в советский период развития страны. Но ложные, противоестественные идеологические установки, предписывающие предоставление "гегемону" зелёного света в его массовом освоении научного ремесла, заставили снизить профессиональный и этический критерии признания научных достижений вчерашних рабочих и крестьян. Научные звания стали широко распространённым явлением. Непомерно увеличилось и число научных учреждений, дублирующих друг друга как по направлениям, так и по методологии исследований. Чисто инженерная тематика, к примеру, была переведена в разряд научных дисциплин: пролетарским идеологам требовался весь этот маскарад номинальных званий для подтверждения истинности теории исключительности рабочего класса. К концу же восьмидесятых годов такая практика привела к тому, что присвоение научных званий стало формальной, донельзя забюрократизированной процедурой. Авторитет "остепенённых" резко упал: образованный советский народ хорошо понимал псевдонаучность многих теорий, исследовательских тем и проектов, многие из которых были надуманы только для приобретения различных льгот и привилегий, а также для стабильного многолетнего финансирования околонаучных потуг.

С реставрацией в 1991 году в нашей стране капитализма научные звания и степени стали выгодным товаром. Девиз "Всё на продажу!" стал определяющим в коридорах научного истеблишмента: 10000 долларов - и ты уже всеми уважаемый доктор тех или иных наук. А в связи с либерализацией учреждения и регистрации различных организаций, как грибы после дождя, бешеными темпами стали образовываться невесть какие Академии. Соответственно, взрывообразно возросло и число "степенных" академиков этих Академий.

И вся эта амбициозная суетня окончательно подорвала уважение в народе к учёным как истинным, так и приблудившимся. С одной стороны, такое развенчание - печальный факт, так как среди массы новоиспечённых академиков как-то совсем потерялись действительно заслуженные учёные, заслуги которых перед наукой признаны во всём мире. А с другой стороны, данная ситуация наводит на довольно интересные размышления. Размышления вот какого рода.

В мире существуют живые языки, на которых изъясняются те или иные народы, и мёртвые языки, на которых ранее изъяснялись растворившиеся в истории народы. Мёртвые языки перестали служить средством общения между людьми в реальной жизни. Арбитром в вопросе срока жизни языка выступает бесстрастный закон естественного отбора: ненужное, отжившее, избыточное, закостенелое в старых стереотипах должно кануть в Лету.

А что же или кто сможет объективно оценить степень истинности, полезности или вредоносности научных знаний? Возможно, вопрос звучит кощунственно, поскольку все мы воспитаны в убеждении суперважности для судеб земной цивилизации всех без разбору достижений научной мысли.

Сократ, походя, изрёк мудрейшую фразу: "Как много на свете вещей, которые мне не нужны!" Что касается науки, то, похоже, человечество, освящая все результаты научных изысканий, загнало само себя в ловушку. Бурное развитие науки и техники оторвало человека от природы, загнав его в искусственную среду обитания. Почему-то так сложилось, что наука, оставив в туне представление о человеке, как неотъемлемой части общего биоценоза планеты, наращивает усилия по сохранению и развитию своего иллюзорного миропредставления. К чему это ведёт - видно каждому человеку в здравом рассудке: истощение природных богатств планеты, деградация самого человека, постепенное исчезновение и перерождение животного и растительного миров. Царству технократов, презирающих объективную реальность духовного мира, мы обязаны, прежде всего, нашим учёным, заведшим человечество в непроходимые дебри ложных понятий, постулатов, концепций, идеологий и философических рассуждений.

Ясно, что, по аналогии с языками, многие научные знания уже мертвы. И эти "трупы" смердят и отравляют всё ещё живое. Ни у кого не хватает духа произвести ревизию, отделить живое от мёртвого: жрецы священной коровы, в которую произведена наука как таковая, насмерть стоят на пути любого, дерзнувшего высказать мысль о необходимости её "лечения". Естественные же процессы жизнедеятельности не могут навести порядок в данной сфере, поскольку знания позитивистской науки "прописаны" в неестественном мире, созданном человеком на погибель себе.

Сколь много существует учёных, стремящихся навязать обществу свои мёртвые доктрины - вряд ли кому известно. Эти учёные "ложных знаний" уподобляются служителям ветхих богов, пытающихся всеми мыслимыми способами оживить их отверженные пантеоны. Очевидно, настало время избавления от вериг. Потеря авторитета и народной поддержки представителями традиционных научных "джунглей" - первый шаг в этом направлении.

Кстати, вновь возникающие Академии в большинстве своём основываются на знаниях, получаемых эзотерическим путём посредством контактёрства (ченнелинга). Эти знания мироустройства совсем другого качества в сравнении с классическими (экзотерическими) научными знаниями. Новые академики оперируют понятиями и теориями, которые не нуждаются в формальной доказательной базе, так как получаемые контактёром послания нельзя доказать логически. Но, вместе с тем, эти знания легко доступны и открыты широким массам людей, которые активно впитывают в себя слова, речи, декларации, призывы академиков новой формации. Тогда, как на развитие классической науки требуются значительные инвестиции, в случае с эзотериками затраты минимальны: на типографские расходы, на лекционно-семинарскую деятельность, да на поездки по стране. Если так и дальше пойдёт дело, то уже в ближайшем будущем традиционная наука, подпирающая каркас технократической цивилизации, рухнет. Может хоть таким образом произойдёт очистка сознания людей от груза мертвых пластов давно отживших научных представлений, а служители культа иллюзорной (мнимой) науки останутся не у дел? Может тогда, наконец, человек вспомнит о своём месте в природе и своей ответственности за неё?

Ну, а в наибольшей степени культивация и консервация мёртвых знаний происходит в образовательной системе. Вне всякого сомнения, она должна кардинально измениться. И с этим, пожалуй, наилучшим образом справятся дети, уже сейчас бойкотирующие в школах усвоение этих абстрактных мёртвых знаний. Учебный процесс, построенный на методической базе прошлого опыта и устаревшей модели мироздания, пробуксовывает в современных условиях детского локаута. Детвора требует от педагогов изменений, изменений как самих педагогов, так и всего того, что они преподают в школе. Только незашоренные отжившими постулатами педагоги способны пройти аттестацию у детей. Остальные - ремесленники и бракоделы, лишённые призвания Учителя, просто обязаны поменять профессию и уйти из школы.

Итак, в реальной жизни планеты людей началось переосмысление достижений науки. Происходит жёсткий отбор учёных, способных развивать "живую" науку, ориентированную на человека. Принципу "Наука ради науки" нет места в новом времени.

05.08.1999

РАН - СРЕДСТВО УТИЛИЗАЦИИ ИНТЕЛЛЕКТУАЛЬНОГО ЗАДЕЛА АН СССР

Академия Наук Союза Советских Социалистических Республик. За этой аббревиатурой сокрыты величайшие достижения человеческой мысли, жизненные подвиги советских учёных, гордость рядовых тружеников Страны Советов достигнутыми вершинами научно-технического прогресса. О гигантском потенциале советской науки складывались и ещё долго будут складываться легенды. Достаточно сказать, что на единое научно-техническое пространство мировой социалистической системы приходилось 25-30% мирового обмена технологиями.

После планового развала СССР легионерами Нового Мирового Порядка основная часть научно-технического потенциала АН СССР сосредоточилась в Российской Академии Наук (РАН). Сфера науки - весьма щепетильная область человеческой деятельности. Та в общем объёме несущественная часть научно-исследовательских и опытно-конструкторских работ (НИОКР), которая осталась за научными учреждениями стран СНГ и Прибалтийских государств в результате существовавшего в СССР разделения труда, оказалась достаточной для разрушения целых научных направлений и научных школ, для возникновения серьёзных структурных диспропорций.

Сегодня можно однозначно констатировать факт необратимого разрушения инфраструктуры РАН, руководство которой не смогло сохранить доставшийся ей в наследство научно-технический потенциал АН СССР. Можно долго дискутировать о принципиальной возможности или невозможности его сохранения, но результат для россиян стопроцентно печален - отечественная наука в советском её варианте существует только в громких названиях различных наукообразных контор, да в библиографических ссылках современного околонаучного плагиата. Чтобы не быть голословным, приведу цифровые заключения разгрома научного "подбрюшья" государства Российского.

Затраты России на НИОКР в расчёте на душу населения находятся примерно на том же уровне, как и в Мексике, Турции и Греции (более чем в 20 раз меньше показателей США). Объём финансирования отечественной науки в расчёте на одного сотрудника в 50-100 раз ниже, чем в развитых странах. Ниже, чем в науке величина заработной платы только в таких отраслях, как сельское хозяйство, отрасли непроизводственных видов обслуживания населения, культура и искусство, образование и лесное хозяйство.

За период с 1985 по 1997 гг. из науки ушло более 2,4 млн. человек, т.е. две трети всего списочного состава. С 1990 по 1996 гг. численность исследователей со степенью кандидата наук сократилась со 127 тыс. человек до 93 тыс. человек; в тоже время увеличилось за счёт исследователей старших возрастов число докторов наук (с 15 до 19,5 тыс. человек). В системе РАН средний возраст докторов наук - 58,4, членов-корреспондентов - 65,8, академиков - 68,7 лет. Значительное число членов РАН не заняты непосредственно на научной работе. На 1 января 1996 г. 50 академиков и 141 член-корреспондент РАН работали в системе министерств и ведомств, при этом в вузах работало соответственно только 32 и 67 человек.

Среди учёных и специалистов, выполняющих исследования и разработки, постоянно увеличивается доля женщин - в 1991 г. они составляли 46,1%, а к концу 1990-х гг. - более 55%.

Заметно снижается подготовка и выпуск аспирантов: в 1985 г. выпуск из аспирантуры составил 17,2 тыс. человек, в 1990 г. - 16,4 тыс., в 1996 г. - 11,9 тыс. человек.

Уменьшилась численность учреждений и организаций, занимающихся исследованиями и разработками. Особенно этот процесс отразился на конструкторских бюро, проектных и проектно-изыскательских организациях. На фоне сокращения общего числа организаций, занимающихся научными разработками, произошло увеличение числа академических организаций, вследствие, главным образом, их деления на более мелкие.

По данным РАН, её институты фактически прекратили закупку оборудования и только

3% средств тратят на приобретение реактивов и приборов. Большая часть расходов в отрасли "Наука и научное обслуживание" производится только на выплату заработной платы работникам научной сферы. Таким образом, представляется невозможным обновление научного производственного потенциала путём закупок научного оборудования, научной литературы, обновления научной инфраструктуры, проведения научных мероприятий. По этой причине резко сократилась информационная и справочная база, ограничились возможности зарубежных контактов российских учёных. По оценкам зарубежных экспертов, российские учёные обеспечены исследовательским оборудованием в 80 раз, а литературой - в 100 раз хуже западных.

Если в середине 1960-х гг. средний индекс цитирования работ советских учёных в мировой литературе уступал американскому примерно в 1,5 раза, то в начале 1990-х гг. этот разрыв вырос в пользу США в 14 раз. В 1996 г. в Роспатент российскими заявителями было подано 18000 заявок на изобретения, в то время, как в начале 1980-х гг. в бывшем СССР регистрировалось в год около 100 тыс. заявок. Патентно-лицензионная деятельность РАН сократилась в 1994 г. в 4 раза по сравнению с 1991 г. Число заявок на изобретения, патентование за рубежом фактически нулевое (в лучшие годы бывший СССР получал от продажи лицензий свыше 1,5 млрд. долл. при затратах государства на патентование в 4-5 млн. долл. в год).

После такой убийственной статистики остаётся только заказать реквием по безвременно почившей российской фундаментальной науке. Фундаментальные исследования требуют постоянных и весьма серьёзных капиталовложений, что и осуществлялось в советские времена. Приведённые цифры констатируют отсутствие у России науки завтрашнего дня.

Тогда что же представляет собой Российская Академия Наук в свете удручающих статистических данных?

Факты объективно свидетельствуют о превращении РАН, прямой наследницы АН СССР, в высокодоходное ведомство по утилизации советского научно-технического потенциала. Это подтверждается данными социологического опроса, проведённого среди 18 научных институтов (2-х математических, 3-х физических, 3-х информатики, 4-х гуманитарных и социальных наук и др.): "Большую тревогу учёных вызывает постоянно набирающая силу коммерциализация науки. Более четырёх пятых (83%) отмечали, что это отвлекает от проведения фундаментальных исследований, развивает нездоровый ажиотаж, противопоказанный науке".

Ситуация внутри РАН, на самом деле, проста до безобразия. Реальные исследовательские работы на 90% остановлены. Те чудаки-учёные, что ещё продолжают верно служить науке, скорее исключение, чем правило. В любом случае, это энтузиасты-одиночки: погоду в РАН они не делают. Мы недалеко отойдём от истины, если определим сегодняшнюю РАН, как обычный базар. Унаследованный советский научно-технический потенциал состоит из выдающихся достижений всего научного комплекса СССР. Естественно, на каких-то направлениях научного поиска больших успехов достигали зарубежные учёные, на других - советские учёные. Задел в той или иной области знания оценивался обычно в годах, необходимых идущим следом представителям других научных школ для достижения того же уровня успеха, что имели на данный момент лидеры. Так вот, на академическом базаре торгуют этими научными заделами.

Судя по тому, что фундаментальную науку перестали финансировать на минимально достаточном уровне с 1993 года, можно утверждать, что к настоящему времени уже проданы как минимум 7-летние научные заделы отечественной науки. Торговля научно-техническим потенциалом АН СССР может продлиться ещё на десятилетие. К этому моменту все закрома научных приоритетов РАН будут чисто выметены.

Если происследовать вопрос о типажах базарной распродажи народного достояния, то есть добытых самоотверженным трудом нескольких поколений отечественных исследователей системы научных знаний, то здесь вновь можно обнаружить железную длань Нового Мирового Порядка. После включения с помощью своих легионеров, пришедших к власти, экономики России в мировую экономическую систему, основанную на библейском ростовщическом проценте, финансовым структурам мирового правительства не составило особого труда обескровить российскую науку. Финансирование НИОКР велось таким образом, что его с грехом пополам хватало лишь на выплату заработной платы. Финансовые поступления были так структурированы, что в наиболее неблагоприятном положении оказались начинающие научные сотрудники и кадры высшей квалификации, что, естественно, явилось серьёзным стимулом для их оттока за рубеж. И вот после отъезда в "зону развития" талантливой научной молодёжи и маститых научных грандов, после летального исхода фундаментальных исследований на авансцену вылезли коммерсанты от науки, сидевшие до этого за кулисами.

Есть такое понятие - функционер науки. Эти люди всегда существуют рядом с творческими личностями, с головой погружённых в исследовательскую работу. Они занимаются организаторской работой, решением бытовых проблем, короче - околонаучной суетой. Естественная зависть к истинным учёным - их движущая сила. Эта зависть, как правило, отключает у них нравственное начало. Поэтому они не считают зазорным для себя заниматься плагиатом, а то и откровенно присваивать себе авторство научных открытий. Пока исследователи приоткрывают силой своей мысли неведомые тайны мироздания функционеры капитально обустраиваются в научном мире, неотступно повышая свой статус, в том числе материальный и социальный, умело приобретая различные научные звания и степени.

В чиновной среде, занимающейся процедурой бумажного оформления научных достижений, функционеры чувствуют себя как рыба в воде. Замечено, что творческий человек способен скорее остаться рядовым учёным, чем терпеть унижения и мытарства при попытке официально оформить результаты своих исследований. Вот в такие моменты наступает звёздный час функционеров, которые втираются в соавторы, отторгают с помощью различных уловок юридического свойства права на открытия или изобретения у их законных авторов, патентуют или публикуют результаты научной работы под своим именем и т.д. и т.п. Короче говоря, из функционеров очень быстро вырастают "крупные учёные", избранные во множество академий, заседающие в различных комиссиях, преподающие студентам науку, о которой имеют смутное представление. Они становятся директорами НИИ, КБ, производственных объединений. Их приглашают применить свои "знания" в правительстве, министерствах и ведомствах.

Так вот, именно такие остепенённые функционеры оказались во главе многих академических структур, раздробив на мелкие части некогда крупные академические учреждения. Сделать это было нетрудно в условиях смутного времени и массовой эмиграции ведущих учёных, что фактически вызвало прекращение исследований. Вместе с административной властью во вверенных им научных организациях они получили право хозяйственного ведения на те самые научные заделы по тем направлениям исследовательских работ, которые профильно относились к возглавляемым ими организациям. Так что типажи торговли научными заделами сидят в директорских креслах.

Кстати, разукрупнение академических организаций преследовало две цели. Первая - получить монопольное право на "научный" товар, чтобы минимизировать число подельников. Вторая - повысить свой социальный и международный статус оборотистому директору вновь испечённой академической конторки, реально состоящей из менеджеров по продажам научных знаний. Первая цель носит тактический характер, поскольку связана с сиюминутной продажей результатов многолетних научных изысканий многочисленного коллектива учёных и специалистов; вторая же - ориентирована на стратегические задачи, поскольку научные заделы рано или поздно будут окончательно распроданы или устареют в ожидании выгодных покупателей и тогда встанет вопрос о дальнейшем источнике безбедного существования "крупного учёного" с директорским креслом в придачу.

Таким образом, легионеры честно отработали свой хлеб:

1. В России, относящейся к периферии Единого Мирового Государства, уничтожена фундаментальная наука и исключена возможность её восстановления, поскольку это потребует колоссальных финансовых средств, создания интеллектуальной базы воспроизводства и не одно десятилетие напряжённой работы;

2. Технологии, научные заделы АН СССР, патенты, научная документация в значительной степени уже перемещены на Запад;

3. Научная элита или эмигрировала, или работает дома по заказам западных научных центров;

4. Выявлены через систему студенческих обменов, зарубежных стажировок, научных грантов, внутрироссийских контрактов наиболее перспективные и талантливые молодые учёные, которых на взаимовыгодных условиях переселяют в "зону развития";

5. В крупных российских научных центрах позволено проведение НИОКР по темам и направлениям, которые в пользу интересов "зоны развития" эффективнее отрабатывать на местной исследовательской базе.

Утилизация останков былой научно-технической мощи Советского Союза и, в частности, интеллектуального потенциала Академии Наук Союза ССР практически завершена силами Нового Мирового Порядка. Печалиться о прошлом - не конструктивно. Следует осознать предстоящее будущее.

30.10.2000

ПРОДОЛЖАТЕЛИ СЛАВЫ РУССКОЙ НАУКИ

Наука на Руси, на самом деле, не понесла потерь из-за усиленной миграции учёных и прекращения исследований по целому ряду направлений научного поиска. Более того, она стала более сильной, очистившись от балласта.

Как правило, в научных монографиях последнего времени авторы основной упор делают на всестороннем обследовании всего лишь двух немногочисленных категорий кадрового потенциала российского научного мира - предэлиты и элиты (по устоявшемуся мнению специалистов данного вопроса, на сегодня численность российской научной элиты не превышает 10-15 тыс. человек). За пределами научного поиска авторов таких монографий остаётся самая многочисленная составляющая научно-технического кадрового корпуса страны - середнячки, не снискавшие лавров в научном официозе. Поскольку "научные работники средней квалификации практически не имеют шансов устроиться на Западе по специальности", исследованиями этой серой массы "неудачников" наши "элитарные" социологи, по всей видимости, не пожелали подпортить своё высокое международное реноме: а вдруг не пригласят поработать в Гарвард?

В таком невнимании к этой категории учёных отражается звёздная болезнь англосаксонской научной школы, к которой большинство авторов монографий принадлежат или из всех сил стараются доказать сиё. Ввиду того, что, по их заявлению, "современной науке в высшей степени свойственна специализация", западная модель организации научных разработок делает ставку на инфильтрацию успешных на данный момент времени учёных. Затем их "закупают оптом и в розницу", выжимают их интеллектуальный потенциал под решение частных задач и оставляют на произвол судьбы, если появляется более успешный учёный. Как правило, эти учёные не допускаются к информации, позволяющей делать обобщения на более высоком уровне по сравнению с их узкой предметной областью научного знания. Этим занимается суперэлита, куда мигрантам путь заказан.

Поэтому комплексность, широта и междисциплинарность исследований традиционной русской научной школы не нужны правителям "зоны". От бывших российских учёных требуется всего лишь трансформация достижений фундаментальной науки в прикладную сферу, способной обеспечить быстрый коммерческий успех на рынке. Уезжающие из страны российские научные звёзды востребованы "зоной" только с чемоданами реального научного задела ещё советских времён, распаковать которые им поможет дерзновенность предэлиты. Ну а дальше многим научным грандам не избежать ситуации "разбитого корыта", о чём свидетельствуют многочисленные примеры реальных судеб представителей отечественной интеллектуальной эмиграции на Запад.

Так вот, срединная часть отечественного научного корпуса в основном не подвержена звёздной болезни и поэтому выпала из предмета социологического исследования таких авторов, не вписавшись в методологию исповедуемой ими западной школы социологии. Но именно на срединную часть, на Учёных с большой буквы, а не на записных делателей науки, Русский Ведический Родостав сделал главную ставку в своём концептуальном миропроявлении. Теперь об этом уже можно сказать во всеуслышанье.

Эти Учёные, презирающие внешний блеск и лакированность толпы остепенённых и озваненных "научных" плагиаторов, возвратили в свою среду истинную науку, основанную на универсализме и целостном понимании жизни Вселенной, неотделимыми частичками которой являются планета Земля и её разумное дитя - Человек.

Время резко ускорило свой бег. Далеко не каждый обладает такой скоростью мысли, которая позволяет адекватно осмысливать суть происходящих в мире изменений. Тем более это сложно для официальных представителей традиционной науки западнического типа. Этот факт не побоялись отметить, в частности, И.Г-.Ушкалов и И.А.Малах, авторы монографии "Утечка умов - причины, масштабы, последствия", говоря о "невосприимчивости к новым идеям, консерватизме, присущим немолодым людям и особенно научным работникам". Данные о доминировании в составе РАН академиков и членов-корреспондентов преклонных возрастов, которые вкупе со значительным числом суррогатных учёных, прикрывших свою бездарность академическим званием, не позволяют надеяться на прогрессивность академии в целом.

Нужно ли в таком случае Учёным, исповедующим нетрадиционный для системы РАН образ мышления и опирающихся на ведическую мировоззренческую базу, терять драгоценное время и невосполнимый запас жизненных сил на удовлетворение амбиций престарелых, в прошлом, возможно, прогрессивно мыслящих людей ради такой формальности, как канцелярское признание их дарований? Нет, это противоречит ускорению эволюционных процессов на планете. Адепты ведического предания не могут позволить себе такой слабости тщеславия.

Вернув Человека в центр научного знания и взломав все междисциплинарные перегородки, русские Учёные проявили истинную картину мироздания, уничтожив всю ту иллюзию искусственной реальности, которой накрыл "страж порога" узкоспециализированных научных позитивистов, как в отстойник постепенно стягивающихся в "зону развития".

30.10.2000

Испытание разумности людей

Много говорят об умниках, которые напичканы информацией, но не способны глубоко чувствовать окружающий мир. Информированным умникам всё обо всём известно. Трудно найти какую-нибудь область научного знания, которая была бы незнакома им. Эрудиты в высшей степени. Можно безмерно восхищаться их знаниями, если бы не одно обстоятельство - их знания омертвлены.

В противоположность эрудитам мёртвого знания проявилась и всё более расширяется генерация людей, способных к гиперчувственному восприятию неких трансцендентальных знаний. Такие люди становятся всё более заметнее на общественном небосклоне. Чувствуя, что большинство знаний о мире, на которых построена вся западная цивилизация, омертвлено, что учёные западной школы научного знания оперируют в своих умозаключениях этими нежизненными мыслительными конструкциями, в результате чего на планете воцаряется хаос, эти гиперчувственники везде и всюду бравируют способностью воспринимать нечто недоступное технотронно ориентированным умникам. Такая безудержная бравада доводит их до необычайной крутизны личной гордыни.

Но что самое неприятное для стороннего наблюдателя, понимающего суть происходящего, так это то, что знающие люди этих двух генераций открыто презирают друг друга. Представители каждой из них обвиняют противоположную сторону в ограниченности и невежестве. При любом удобном случае и те, и другие мастерски бичуют убеждения своих противников. И в подобном взаимообличении, в непримиримости к оппонентам они заходят настолько далеко, что свет Истины меркнет у них в сознании. В большинстве своём эти антагонистически настроенные друг к другу люди уже не способны осознать, что, на самом деле, отстаивают всего лишь ущербную одна без другой половинку целого.

Когда-то знания принципиально непримиримых на сегодня лагерей их ущербных носителей составляли единое целое. Выдающиеся представители человечества, посвящённые в это единое целое, занимались благородным делом исследования законов мироздания в целях сохранения гармонии мира, какие бы катаклизмы не угрожали её нарушить.

Род деятельности таких людей носил ёмкое название - метафизика. Но под диктовку сил злой воли в 17 веке метафизики были оклеветаны и подверглись массированной обструкции. В результате это неразделимое по своей сущности явление жизни было расчленено на несколько частей. Тем самым люди были ослеплены в их попытках сохранить понимание истинной природы происходящего во Вселенной.

Части разделённой метафизики стали называться наукой, искусством, литературой, ремеслом, колдовством, медициной и т.д. и т.п.

Наиболее непримиримое противостояние в современных условиях происходит между такими частями метафизики, каковыми являются наука и экстрасенсорика. Но в их противостоянии победы невозможно добиться ни одной из сторон. Победа может состоять лишь в одном - в воссоединении метафизики бытия человека Земли через объединение воедино всех её частей.

Человеческий разум должен вновь обрести методологическую основу гармонизации своего присутствия в окружающем пространстве вселенского мироздания. В противном случае более разумные силы космической иерархии принесут в мир Земли свою гармонию мироустройства, в котором человек останется лишь одним из частных элементов системы (каковым сегодня является, к примеру, сообщество дельфинов). В этом случае, разумности человека будет уже недостаточно для осознания принципов нового земного мироустроения.

Таким образом, в переживаемое нами время происходит испытание состояния разумности земного человека. И только сам человек сегодня определяет свою будущую роль на планете.

Муравей или властелин Вселенной? Вот в чём вопрос...

4.05.2003

ОРУДИЕ САМОУБИЙСТВА ЦИВИЛИЗАЦИИ

Наука не была бы наукой как таковой, если бы в её концептуальной основе был заложен примат нравственных ценностей при проведении различных исследований. Наука в таком нечеловечном виде, в каком она известна в наши дни, никогда ранее не была известна русским людям. И именно такую науку, принципы осуществления деятельности которой были сформулированы идеологами закабаления жителей Земли посредством денежно-финансовых механизмов, призванных обеспечить экспоненциальное развитие научно-технического прогресса, вяжущего человека по рукам и ногам, выпестовал в России царь Пётр I, а впоследствии - так называемые "птенцы гнезда Петрова".

И сегодня, когда здравомыслие полностью ушло из общественной жизни Государства Российского, мораль общества меняется исключительно в сторону безусловного одобрения любых научных открытий, если они сулят весомый коммерческий эффект. Из трагедийной истории человечества хорошо известно, что максимальным коммерческим эффектом обладают наиболее гибельные для природы и людей изобретения и открытия. Поэтому-то такие научные достижения в наибольшей степени и востребованы сегодня обществом, а тот факт, что сиюминутные денежные барыши, получаемые от внедрения высокорентабельных достижений науки, фактически обрекают человечество на самоубийство, современная мораль отодвигает на задний план как досадливое препятствие всеобщему движению людей к блистающим вершинам научно-технического рая.

В потоках доморощенных восторгов необразованных обывателей по поводу быстрых возможностей обогащения за счёт освоения последних научных открытий, пусть даже это и нанесёт непоправимый вред здоровью людей и окружающей среде, всё меньше слышится голосов находящихся в ладу с разумом людей, ещё не утративших способность предвидеть негативные последствия коммерческого воплощения того или иного научного достижения. И в таком удручающем положении дел виден реальный результат работы той античеловеческой по своей сути Системы, которая к настоящему времени прочно заняла лидирующие позиции в мире людей. Лозунг этой Системы "Чем хуже для человека - тем лучше" говорит о том, что её главной целью является уничтожение человека, как такового, а вместе с ним - и всей биосферы Земли. Создатели этой Системы исходят из того, что человечество - это временные жители на Земле, которые были высажены на этой планете в рамках генетического эксперимента инопланетного разума. Теперь время людей, которые к тому же, как лютые враги самим себе, основательно поработали над уничтожением той среды обитания, в которой только и может существовать их форма жизни на Земле, подошло к концу. Эксперимент закончился с отрицательным результатом, отчёты составлены, сделаны вполне однозначные выводы о необходимости ликвидации человечества как сообщества безнравственных существ, несущих серьёзную угрозу другим мирам Большого Космоса.

В связи с этим можно с уверенностью констатировать, что, если человечество не найдёт в себе силы переломить ситуацию в свою пользу, у него не будет будущего. Система, которая внедрена в человеческую среду как стандартный образ жизни преуспевающего человека, в автоматическом режиме доведёт дело до неотвратимого логического конца - человечество исчезнет с лица Земли. Дабы предотвратить подобное развитие событий, в обществе людей должен громко прозвучать голос здравомыслия, который обязан подвигнуть мораль современников к природобережению - тому единственному шансу для существующей цивилизации землян, который позволяет человеку выжить, сохраниться и бесконечно эволюционизировать как разумному биологическому существу. А это значит, что каждое эпохальное научное открытие, которое, как это обычно бывает, может быть использовано как в целях повышения благосостояния людей, так и во вред человеческой природе, должно быть поставлено под жёсткий контроль общественной морали, базирующейся на принципах высокой нравственности. Только при таком условии ни одно из научных открытий не будет употреблено самими же людьми для разрушительных целей собственного самоубийства.

12.04.2004

НАСТУПЛЕНИЕ РУССКОГО ВЕДИЧЕСКОГО РОДОСТАВА

Русский народ в глубинных пластах своего сознания несёт сквозь века древние ведические знания справного (отсюда и слово "Православие") мироустройства. И поэтому, когда говорится о пробуждении народного самосознания, то на самом деле имеется в виду проявление древних знаний в мировоззрении русских людей. Ведающих древнюю Истину народная молва именует Иваном Стотысячным.

Именно на новое, то есть до поры до времени сокрытое старое, для наших современников мировоззрение, основанное на ведических преданиях пращуров, переходят сегодня люди повсеместно в мире в противовес идеологии Нового Мирового Порядка. И помешать этому процессу техногенными методами принципиально невозможно. Человек - самое сильное и совершенное существо во Вселенной. Пробуждение даже части его природных способностей легко может опрокинуть все технические изыски слепцов, возжелавших неограниченной власти над миром. Технократическое развитие позитивистской науки, доминировавшее в научных исследованиях начиная с эпохи ренессанса, всё большим числом выдающихся учёных с мировыми именами признаётся тупиковым (нескончаемая полемика на тему "О чём умолчал Эйнштейн?" задаёт тон переосмыслению научных постулатов, ставших удобной "кормушкой" для "крёстных отцов" официальной науки). Многие из этих учёных, которым открываются ведические знания, становятся принципиальными противниками безнравственности и всеядности классической науки.

Интеллектуальный и физический континуумы Земли постепенно освобождаются от лжеучёных позитивистов и их мыслительного мусора. Происходит ассенизаторская очистка планеты от последствий надругательства технократов над законами мироздания, над природой, которую они объявили своим главным врагом в деле повсеместного насаждения искусственной среды обитания. На территории Руси в цифрах это выглядит так: "Доля обрабатывающих отраслей, высокотехнологичных, наукоёмких предприятий стремительно сокращается. Объём машиностроительного производства за годы кризиса снизился на 65%, а высокотехнологичных производств - на 80-85%".

В заделе русских Учёных имеется колоссальный объём научных знаний, невостребованных в условиях господства технократии, в том числе и принципиально новые технологии жизнеобеспечения людей. В ближайшее время начнётся внедрение этих знаний в нашу обыденную жизнь, что позволит человечеству перейти на ресурсосберегающий образ жизни, гармонизировать окружающее жизненное пространство.

Итак, эра технократического развития человечества завершается. Наступает Русский Ведический Родостав, при котором отомрёт производство вредоносных изделий, уводящих человека от своего естества. Всё, что необходимо человеку для прогрессивного развития, есть на Земле в природном виде, в том числе и неиссякаемые источники энергии. Конкретные технологии нового образа жизни людей придут в мир через русских Учёных, познавших ведические знания. Гармонизация всех сфер деятельности разумных человеческих сообществ и активизация естественных природных механизмов их жизнеобеспечения - вот чем будет характеризоваться начальный этап наступления Русского Ведического Родостава.

На данный же момент идёт различение общепланетарного масштаба - или существование в идеологическом пространстве Нового Мирового Порядка, или жизнь в соответствии с Ведическим Преданием. То есть, решается глобальная задача "Кто есть кто?".

Каждый человек строго индивидуально осуществляет свой выбор.

30.10.2000

ГЛАВА II
ПОДМЕНА ПРИРОДНОГО ЕСТЕСТВА ЧЕЛОВЕКА

ПРИРОДА ЧЕЛОВЕКА

Знаний об истинности мироздания донесено людям различными способами уже с избытком. Началась путаница и неразбериха в этом громадном информационном массиве.

Как уже сообщалось ранее, силы, что целенаправленно уводили мысль человеческую на протяжении многих тысячелетий в иллюзорное миропредставление, в связи с осуществлённым информационным прорывом к реальному пониманию действительности после некоторого перерыва вновь сконцентрировались, произведя перегруппировку. Поскольку прямые каналы поступления космических откровений выявили крайнюю искажённость, а во многом и ложность так называемой "научной картины мира", многовековые усилия античеловеческих сил по накоплению мёртвых по сути информационных запасов человечества оказались напрасными. Достаточно отчётливо в свете истины высветились все пустопорожние нагромождения научного мусора, провоцирующего земных жителей на самоуничтожение.

Человечество имеет в лице своих пришлых недоброжелателей представителей таких сил, которым неведомы пораженческие настроения. Эти силы всегда в атаке, даже в моменты отступления. Так и сейчас они продолжают находиться в состоянии нападения: экспансия продолжается. Легионеры перегруппированы, и изменены методы и способы нашествия. Инструмент классической науки исчерпал себя: с помощью этого ранее надёжного щита уже невозможно далее успешно затемнять сознание людей. Поэтому у нас на глазах ветшает и разрушается казалось бы такое непоколебимое здание храма бездуховной науки, а главные силы легионеров брошены на захват лидирующих позиций в сфере прямого знания, исходящего от сил космической справедливости с целью помощи земному человечеству, гибнущему под напором более развитых в техническом отношении космоколонизаторов.

На современном этапе легионеры должны до крайности усложнить освоение человечеством вновь открытых Вед, так как ввиду множественности каналов поступления к людям этих знаний исказить их трудно, да и время уже работает против сил нашествия. То есть уже нет возможности создать для неразумного человечества новой "сверхнаучной картины мира", которая также хорошо работала бы на деградацию и вырождение землян, как и прежняя "научная картина мира". Именно поэтому легионеры формируют из безупречно правдивых посылок истинных знаний такие мощные по информационной насыщенности блоки, которые должны нанести непоправимый ущерб психическому состоянию неподготовленного человека (что часто и происходит с восторженными энтузиастами освоения этих знаний, совершенно отличных по качеству от традиционного научного знания). Для тех же, чьё сознание достаточно развито для вмещения таких объёмов знаний, применяется методика дробления системности восприятия информационных материалов. Это достигается посредством хаотично-фрагментарного представления соответствующих сведений в книгах, публикациях, лекциях, доверительных беседах, выступлениях на конференциях и семинарах, что не позволяет человеку сформировать целостность понимания Истины. В результате среди всего земного человечества только единицы во вменяемом состоянии психики владеют целостностью космического мировоззрения.

Сыны Волха вынуждены были до поры до времени скрываться, поскольку на них шла постоянная охота с целью их уничтожения как носителей силы духовной. К сему времени ожидание наполнилось целостностью - Веды вновь открыты людям. Духовная рать Земли громит супостатов силой ведических знаний.

Глубинная суть космических знаний, которую должны, прежде всего, осознать земляне, от которой многое зависит в их ближайшей судьбе и которую так стремились ранее и стремятся теперь сокрыть от людей инордцы, состоит всего из одной фразы: "Человек - самое мощное Существо во Вселенной как в созидательном плане, так и в разрушительном".

На протяжении тысячелетий нелюди заставляли человека забыть о своей подлинной природе, чтобы он не мог сознательно использовать свои неимоверные способности во благо созидания добрых дел. К сожалению, усилия легионеров и их чужеродных хозяев увенчались значительным успехом - человек стал рабом, способностями которого пользовались и до сих пор пользуются силы космического зла в своих корыстных целях.

Истина Вед, открытых снова человечеству, способствует освобождению человека Земли от рабства. Пробудившаяся благостная мощь природы человека способна кардинально оздоровить общую ситуацию как на Земле, так и на галактических просторах. Беда в том, что многие люди не желают своей свободы, безоговорочно принимая навязанные чужаками общечеловеческие ценности, которые взращены на рабской идеологии переуступки своей жизненной энергии паразитарному внеземному разуму. Как бы это не казалось странным, но цивилизация современного земного человечества сформирована при непосредственном участии пришельцев как цивилизация доноров, не подозревающих об этом. Человек наших дней так увлечён потребительской гонкой, что просто не способен осознать своё рабское положение по отношению к надцивилизации нелюдей, оккупировавших Землю.

В потенциале же человек способен мощью своих внутренних природных сил не только разорвать цепи рабства и очистить Землю от нечисти, но и повести за собой на принципах равнозначности в новое духовное измерение целый ряд менее одарённых Духом галактических цивилизаций, в том числе и цивилизацию нынешних оккупантов Земли, пока не способных увидеть в человеке своего избавителя от тупика безнадёжной инволюции.

Но для осуществления этих высоких деяний человеку требуется осознать свою божественную природу. Только и всего.

14.08.2000

Техногенная среда обитания

Веды вновь вошли в земную жизнь и начали действовать в русле преображения, трансформации и уничтожения искусственной среды обитания, противоречащей основам Жизни.

Началось угнетающее и шокирующее разнеженную психику человека современных дней саморазрушение его "любимого дитяти" - техногенной среды. Технический прогресс перешёл в противоположную фазу своего развития и превратился из средства улучшения и облегчения проживания человека на планете в повсеместно нарастающую угрозу для всего живого в общемировом масштабе. Процесс самопроизвольных техногенных катастроф сопровождается гибелью людей, которые в своём большинстве уже не только не желают отказаться от технических средств обеспечения своего призрачного комфорта, но и стали безвольными придатками искусственной среды, насыщенной машинами и механизмами. Люди настолько далеко отдалились от естественной среды обитания (собственно, без которой человеку не дано выжить вопреки всем его гордым попыткам это осуществить), что любой сбой в работе технических средств жизнеобеспечения приводит их в состояние крайней растерянности, панических действий и психических срывов.

На протяжении всех веков бурного проистекания технической революции и непомерного самодовольства "прогрессивного" человечества своими техническими достижениями из уст истинных представителей Рода людского постоянно звучали предостережения по поводу эйфории всеобъемлющей технизации жизни. Опьянённое эфемерной победой над природой человечество не желало слушать эти предупреждения. Лучших из людей, посмевших стать на магистральном пути развития земной цивилизации технолюбивое большинство подвергало обструкции или попросту уничтожало физически. Со временем усложнение технических изделий, глобализация и всепроникаемость технических систем, укоренение стандартов цивилизации исключительно механистической направленности обрекло неразумного человека на полную зависимость от порождения своего ума - от техногенной среды обитания. Сегодня человечество вынуждено отдавать вскормленному им монстру свою жизненную энергию в таких количествах, что на чисто человеческие потребности её остаётся весьма малое количество.

В данный период времени уровень сложности общепланетарной технической среды, созданной трудами многих поколений людей, превысил тот предельный порог, за которым любая система выходит из под контроля специалистов по её обслуживанию и контролю. Планетарная техическая Система приобрела свойства и качества живого существа и начала развиваться по своим планам и законам, недоступным человеческой логике. Повсеместно происходят самые невероятные события с, казалось бы, самыми надёжными механизмами и конструкциями. Аварии происходят там, где они принципиально (по закладываемым при проектировании принципам технического решения) не могут произойти. И совсем уж дико для человека осознавать разумный характер техногеники, заставляющей своих горе-создателей действовать по её воле. Техника стала самодовлеющим фактором в жизни человека. И гордый "царь природы" вынужден во всём подчиняться воле порождённого им холодного и бесстрастного существа с гораздо большим, чем у биологической формы жизни, запасом жизнестойкости.

Поэтому найти причины многих нашумевших в последнее время аварий технических изделий и систем человечеству вряд ли удастся: таким способом искусственная техногенная среда помимо воли человека избавляется от ненужных ей функций.

Всё это, наряду с возмущением природной среды, выражающемся в стихийных катаклизмах, - пролог активизации процесса Преображения достойных к тому людей. Людей, не желающих ничего менять в своём духовном мире, ждёт незавидная судьба машинных придатков, не способных более существовать без "технических костылей".

Преображающиеся же люди непременно стремятся вернуться к природной жизни. Таких людей природа оградит щитом от катастроф стихийного или техногенного характера. Рано или поздно искусственная техногенная среда будет ликвидирована ввиду того, что планета более не может терпеть это паразитарное новообразование на своём теле. Тем людям, которых всецело устраивает существующее противоестественное положение вещей в рамках технократической цивилизации, предстоит разделить судьбу техногеники, то есть самоликвидироваться за своей ненужностью.

15.08.2000

СИНТЕЗ НОВОЙ РЕАЛЬНОСТИ

Материя - это иллюзия. Так говорят мудрецы знаний ведического толка. Русичи-арии ведают, что в древности люди были богами тварного мира. Они создавали Вселенные, выстраивая любой сложности материальные основы этого процесса.

С помощью чего были возможны все их свершения - грандиозные по уровню системных свойств внутренней организации и гармоничности устроения материальных объектов? Каким инструментарием пользовались изначальные земляне?

Великие посвящённые современности где прямо, где намёками, где образно говорили и говорят о такой ускользающей реальности, как сила мысли или образ мышления. Ценностные характеристики однобокой технократической цивилизации мыслительную деятельность человека интерпретируют в крайне ограниченных пределах. Так принято восторженно рукоплескать заслугам учёных узкоспециализированных дисциплин научного знания. Анализ и максимально возможное расчленение материального мироздания с целью поиска первичных кирпичиков его построения, из которых складывается вообще всё сущее, - вот что нынче подразумевается под мыслительной деятельностью. Да, конечно, в рамках обществоведческих наук присутствуют попытки создания тех или иных концепций общего, отталкиваясь от частного опыта осмысления материальных закономерностей. Но, как правило, при таком культивировании мыслительной деятельности цивилизационные нормы (господствующая идеология) определённой эпохи, конкретного народа, общемировых тенденций научного поиска и т.д. не позволяют приблизиться к пониманию наследия предков.

Как бы это не звучало странным и шокирующим, но к пониманию наследия предков наиболее близки интеллектуально развитые антисоциальные элементы всех обществ и народов земного шара. Им удаётся осознать многое именно потому, что они раскованы, не повязаны гордиевым узлом частной собственности на материальные средства, не подвергаются прессингу установленной кем-то генеральной линии развития человечества. И, помимо всего прочего, планам тайных дирижёров всеобщего оглупления масс-сознания человечества такие маргиналы не представляют особой угрозы в силу их отрешённости от рычагов концептуальной власти.

Более того, согласно положениям теории массового обслуживания для поддержания общественной стабильности в заданных рамках требуется наличие незначительного количества элементов социума, логика поведения которых отличается от основного массива составляющих систему элементов. Так что пророки и бродячие философы в ограниченном количестве - непременный атрибут существующей Системы общественного развития.

В сущности, весь пафос современной науки представляют собой жалкие попытки познать итоговый продукт творения изначальных землян, выраженный в иллюзии тех материальных образований, которые представляются органам чувств человека наших дней. И сколько уже талантливых исследователей, погружаясь в умопомрачительные глубины материи, столкнулись с явлением исчезновения этой самой материи на определённом уровне, когда казалось, что наконец-то вожделенный первоэлемент найден, описан, измерен, отмоделирован!? Куда исчезает материя и что находится далее этого барьера - большинство из представителей традиционной позитивистской науки ответить не способно. Иногда, правда, отдельные честные учёные публично заявляют или о существовании некоей физики совсем другого рода, которая включает в себя классические научные знания, составляющие основу мировоззрения Человека Разумного, в качестве частного случая либо исключения, или о вторжении в мир божественного и невозможности в связи с этим дальнейшего познания материи как таковой. Если же испросить на сей счёт мнение мыслителей периферии общепризнанной концепции научной картины мира, то с их стороны последует утверждение о повсеместном выходе учёных на изначальные мыслеформы творцов, которые в последующем были материализованы в низковибрационном диапазоне, то есть в привычном нам материальном мире. Существующие на данный момент развития инструментальной базы научного поиска измерительные методы и приборы принципиально не могут быть использованы для работы по исследованию мыслеформ. Так что наука "проверки гипотезы через повторный эксперимент" пришла к своему концептуальному тупику.

Что же делать и из чего исходить в дальнейшем при фронтальном обрушении сверкающего когда-то здания материалистической науки? Если оставаться и дальше в положении слепого котёнка, то уже в ближайшей перспективе хаос захлестнёт всё и вся. В науке уже сейчас доминирует прикладное направление в ущерб фундаментальному, поскольку это даёт быстрый экономический эффект. Но, устраивая гонку за деньгами, обанкротившиеся в мировоззренческом плане записные учёные обретают в своём лице дьявольскую ипостась разрушителей божественного первозамысла. И за это им будет отмерено воздаяние по всей полноте их "заслуг" на этой тропе Тьмы.

Только возврат к изначальному метафизическому мироощущению, позволявшему человечеству на ранних стадиях своего развития гармонизировать буквально все проявления Жизни, может вывести коллапсирующий мир материальных кумиров сегодняшнего дня земной цивилизации из того состояния, в котором он оказался в результате пренебрежения иррациональным и последовавшей в связи с этим всеобщей разбалансировкой всех сторон жизнедеятельности сообщества людей. Научный метод познания окружающего мира, базирующийся на методологии анализа и дезинтеграции исследуемых объектов и не предусматривающий приоритет морально-нравственных законов как высшей ценности проявленного мира, привёл человечество к плачевному результату полной потери перспективы дальнейшего развития. Общественная мораль была вычленена из целей общества технического прогресса и отброшена позитивистской наукой как мешающая достижению высот антропотехногеники.

Степень сложности процесса создания материального мира посредством генерации изначальных мыслеформ настолько высока, что при существующих методах и темпах так называемого научного познания действительности достичь целостного понимания законов жизнеустройства принципиально невозможно (образно говоря, ответ на один вопрос порождает десять новых). Поэтому существующая в школьных учебниках научная картина мироздания всё более и более напоминает пресловутый "тришкин кафтан". Доминирование в поисковых работах описательности и простого перебора возможных ситуаций приводит к такому положению дел, когда открытия, знаменующие собой прорыв научной мысли в неизведанное, имеют место, как правило, в результате случайных отклонений функционирования исследовательской аппаратуры или ошибок, вольных или невольных, самих исследователей.

Неутешительные результаты научных изысканий последних десятилетий XX века добавили очередную долю скепсиса к имевшимся сомнениям по вопросу познаваемости тварного мира. Корифеи науки, имевшие до того непререкаемый авторитет в своих предметных областях, отправлены ныне в архив как дилетанты, не имевшие достаточного фактологического материала для своих выводов и теоретических разработок. Вместе с тем краеугольные теоретические концепции были подвергнуты и продолжают подвергаться кардинальной ревизии по критерию достоверности: современные учёные без сожаления объявляют ложным знанием ещё вчера незыблемые теоремы и постулаты. В лучшем случае вчерашнюю научную истину учёные сегодняшних дней признают достоверной в узком диапазоне граничных условий. Природа как бы смеётся над тщетой человеческих деяний, втиснутых в прокрустово ложе научно-технического прогресса, служащего орудием переустройства мироздания на основе механистического подхода к жизни через разъединение общего на обособленные частности, находящиеся по этой причине в перманентном противоречии друг с другом.

Однако не всё так печально и безысходно, как то может показаться из приведённого выше рассуждения. Наши божественные предки оставили нам в наследство синтетический инструмент познания и развития окружающего мира. Нам всем жизненно необходимо, набравшись мужества и проникшись светоносными целями, изменить вектор своих умственных усилий, направив их не на расчленение уже созданного предками, а на использование всего совершенства их творений для сотворения новой гармоничной реальности.

26-27.10.2000

СВЕТ ИЗНАЧАЛЬНЫХ ЗНАНИЙ

Изначально существуют незыблемые законы мироздания. Изначальные люди жили естественной жизнью в том плане, что находились в гармоническом единстве со всем сущим. Это чувство гармоничной включённости, функциональной обозначенности и соподчинённости, а также строгой согласованности со всеми процессами, происходящими в живом организме вселенной, невозможно определить каким-либо современным термином.

К примеру, термин "научное знание" имеет крайне ограниченный характер. Кроме того, он отягощён таким недостатком, как раздробленность и фрагментарность достоверных фактов и явлений, не позволяющих добиться комплексной завершённости представлений о миропостроении даже в ограниченных сферах проявления всеобщих законов мироздания. Собственно, "учёный мир", в общепринятом понимании этой области жизнедеятельности человеческого общества, продвигается в своём экспериментальном познании физического мира на ощупь. Большинство же открытий имеет откровенно случайный характер.

Человек, как сложнейшее явление духовно-физической реальности, изначально просто ЖИЛ во всём своём совершенном естестве. И эта жизнь в естестве приносила человеку ни с чем не сравнимое счастье жизненной полноты, а окружающему его миру - гармонию эволюционного совершенствования.

Так продолжалось длительный период вплоть до тех времён, когда земной мир не по своей воле начал погружаться в хаос инволюции. С той поры началось дробление не подлежащего делению на части и постепенное превалирование частного над общим. Этот процесс завершился мировоззренческим тупиком, конечную точку в котором поставил "позитивистский" метод познания объективной реальности: общественно признанный интеллектуальный задел современной человеческой цивилизации подобен болотной трясине - нет совершенно никакой уверенности, что следующий шаг научно-технического прогресса не окажется роковым.

Осколки изначальной истинности сущего сохранены избранными на то мудрецами, пронёсшими по эстафетному принципу эти искры единого пламени истоков ЖИЗНИ через миллионы лет тягчайших испытаний и планетарных катастроф. И если раньше эти знания скрывались от широких масс людей, то теперь они стали общедоступными.

Кто сможет, тот вместит в своё сознание огонь изначального знания. Такому человеку после подобного просветления уже не нужны будут никакие руководящие указания "духовных начальников": он просто включается в поток жизни, проявляя её в своих деяниях. Он априорно знает что делать, куда идти, что брать и от чего категорически отказываться, и не взращивает из этого знания идола, которому обязаны поклоняться другие люди. Попытки ортодоксов добиться от него каких-то доказательств или других обоснований того или иного его утверждения или поступка заранее обречены на провал - формальной логики цивилизации, доминирующей сегодня на Земле в искусственной среде собственных иллюзий, не существует в реальном мире живого космоса. Чистота и космичность помыслов этих людей позволяют им просто знать истину в приложении к конкретным явлениям и фактам - роскошь, не позволительная "зашлакованным" официальным учёным с их ортодоксальностью миропредставления.

В данном случае консервативные ценности образовательных институтов не имеют ровным счётом никакого значения. Важен не диплом - чистота мыслей, нравственность поступков и благородство целей определяют значимость и весомость человека в мире ИСТИНЫ. Приобщённые к этому миру люди могут помочь всем желающим того людям войти в этот блистающий мир и стать его светочами. Важно подчеркнуть - именно искренне желающим того людям. Этот процесс вовсе не походит, к примеру, на акт записи гражданского состояния. От устремлённых потребуются непрестанные усилия духовного плана для восприятия в своём сознании огня творящих добро знаний.

У каждого свой путь. Одни, оставив душу в храме золотого тельца, обречены пройти инволюционный цикл во всей его полноте и тягости. Другие, устремившись к источнику Света, будут поступательно эволюционировать, сея округ себя радость и любовь.

1.04.2001

ОЖИВЛЕНИЕ ТЕХНИЧЕСКИХ СИСТЕМ

К настоящему времени специалисты, занимающиеся в глобальном масштабе системным анализом функционирования технических агрегатов, созданных усилиями учёных и инженеров различных стран планеты Земля, вынуждены с прискорбием признавать откровенное вмешательство внеземного разума в работу техники. То есть все земные технические системы в той или иной степени контролируются более развитыми в техническом плане внеземными цивилизациями. Ими же осуществляется управление теми земными техническими комплексами, которые учёным этих пришлых цивилизаций удалось объединить в единую систему технотронного управления нашей планетой. Объединение произведено на уровне, который, естественно, не доступен для земной науки, поскольку применённые при этом технические решения лежат за пределами понимания современных учёных нашей цивилизации.

С точки зрения земной инженерии многие странные, но регулярные сбои в работе технических систем можно объяснить только сверхвысокотехнологичным воздействием на них чужого разума для осуществления одному ему понятных целей. При таком положении дел логично предположить, что львиная доля техногенных катастроф на Земле происходит по сценарию, заранее проработанному инопланетным разумом в центрах технического управления нашей цивилизацией.

В связи с этим, доминирующий на Западе подход к созданию "мёртвой" техники, предназначенной для работы по максимуму возможного в автоматическом режиме при минимизации участия человека в её функционировании, целиком и полностью согласуется с инопланетной постановкой задачи автономного функционирования сложных технических систем. Повышенные темпы всестороннего усложнения техногеники западного производства приводят к резкому возрастанию числа нештатных ситуаций, предусмотреть которые даже в малой их части при проектировании технических систем сегодня уже не под силу человеческому разуму. Другими словами, технические системы, спроектированные и произведённые по стандартам Запада, функционируют в режиме, перекрывающем возможности адекватного управления ими со стороны их же разработчиков. А это означает, что западная техника принципиально не способна противодействовать всепроникающему чужеродному влиянию на земные технические средства, а через них - на людей Земли.

И только использование российской (советской) техники может поставить заслон произвольному воздействию на земную цивилизацию по техническим каналам комплексов жизнеобеспечения населения планеты. Почему? Отечественная традиция разработки и производства технических систем различной степени сложности ориентирована не на автоматический, а на автоматизированный режим их функционирования. Принципы работы практически любых изделий российской техники предполагают включение человека в контур управления, то есть творческий гений создателей отечественной техники отвергает стопроцентную автоматику ввиду её повышенной уязвимости при возникновении нештатных ситуаций в процессе её эксплуатации.

Активная роль человека в функционировании отечественной техники способствует насыщению её человеческими вибрациями, тем самым как бы оживляя её. Именно этот фактор является абсолютно неприемлемым чужеродному внеземному разуму, жизненные вибрации представителей которого резко отличны от человеческих. По этой причине созданная пришельцами техническая система управления земным человечеством не может взять под контроль российские технические системы, а все попытки подобных действий приводят к саморазрушению брошенных на эти цели внеземных технических устройств.

В силу вышесказанного, совместные технические проекты России и Запада никогда не смогут быть реализованными в полной мере. В виду принципиального различия технических стандартов чисто механическое объединение российских и западных компонентов в некий технический агрегат никогда не выведет его на стадию надёжно функционирующих устройств. Именно поэтому, к примеру, международный проект МКС реализуется при решающей доминанте российской техники на принципиально важных узлах станции.

Без человека русская техника не живёт самостоятельной жизнью, в отличие от западной, где концепция другая - техника должна функционировать без человека. Эта концепция диктует необходимость создания полноценных автоматических систем, самонастраиваюшихся и самообучающихся, в которых роль человека ограничивается передачей техническим устройствам какого-то объёма знаний, каких-то методов принятия решений, оценки ситуации, после чего его функции исчерпываются, а техническая система начинает после такого "обучения" работать в автономном режиме.

В последнее время отмечено усиление воздействия инопланетного разума на земные технические устройства. По этой причине

НАТОвская техника всё больше и больше даёт сбои в своей работе. И эта тенденция со временем будет лишь усиливаться. Рано или поздно все автоматические технические системы выйдут из-под контроля людей. Все те страны, которые берут на вооружение технику, производства стран НАТО, будут терпеть большие убытки, поскольку данные технические системы будут сами по себе разваливаться в виду всё большего их различия с природой человека, с его эмоциями. Российская техника, что очень показательно, пользуется популярностью в странах с высоким уровнем духовного развития обществ, а западная техника покрывает страны с доминантой денежной мотивации общественной жизни.

Если человек направляет свои положительные эмоции на технику, то она, как показывает практика, и отлично работает, и стреляет безотказно, и долго находится в работоспособном состоянии, и даже начинает проявлять в практическом плане определённую разумность. Впечатляющий пример оживления объекта неживой природы - одухотворение выковываемого меча в кузнеце, являющейся с древнейших времён священным местом для многих народов Востока и Запада. В средние века широко был распространён культ меча, который воспринимался в качестве живого существа, родившегося на свет результате священнодействия кузнеца.

Любое техническое изделие, при сотворении которого человеком или группой людей инициируется некий духовный процесс, содержит в себе частички духовных эманаций своих создателей. Работая в духовном экстазе над созданием какого-либо технического устройства, человек замыкает на это устройство те или иные энергетические токи земли и Космоса. И от того, какой духовностью обладает создатель конкретного технического устройства, зависит та роль, которую оно будет исполнять в реальность жизни: либо оно будет служить целям созидания, либо - разрушения. В процессе своего дальнейшего самостоятельного существования оно, по аналогии с душой человека, будет развиваться духовно, живя уже своей собственной жизнью независимо от своих создателей.

К примеру, начавшийся подъём духовности в России привёл к тому, что и наша авиационная техника "зажила" в буквальном смысле этого слова. На авиасалонах стало явно заметно, что появились новые потенции её жизненного цикла, потому что произошло наполнение этой техники жизненной энергией нашего воспрявшего в духе народа. Поэтому, когда говорят о положительном переломе в развитии страны - это как раз он и есть. Под таким переломом нужно иметь в виду возрастание духовных вибраций в народной среде. Эти вибрации, вдохновляя разработчиков, производственников, эксплуатационщиков, приводят нашу страну к новым техническим достижениям в машиностроении, к качественному улучшению действующих образцов техники и принципиально новым эффектам при разработке новых технических объектов, чего не скажешь о западных разработках.

В принципе же техногенное развитие земной цивилизации по стандартам Запада ставит перед человечеством вопросы и проблемы принципиального значения для судьбы человека на планете. Недоброжелатели землян стимулируют всемерное вытеснение человека из систем обеспечения жизнедеятельности сообществ людей. В силу этой причины происходит ускоренное развитие технической стороны жизни человечества. При этом представители высокоразвитых в техническом плане цивилизаций озабочены, прежде всего, оживлением этой технической среды в соответствии со своими принципами. Если им удастся в полном объёме её оживить на основе чужеродной для землян формы разумной жизни с использованием жизненной энергии биомассы Земли, то эта техногеника будет жёстко подавлять биологические основы жизни на Земле, включая и человека. Она начнёт действовать по некоей античеловеческой программе, призванной обустроить планету таким образом, при котором наличие на ней человека не предусматривается.

Если западная цивилизация бездумно или по злому умыслу будет и дальше способствовать такому развитию событий, тогда человечеству грозит смерть вследствие уничтожения биосферы Земли. Всё это вполне может случиться по причине крайне низкой духовности Запада, что порождает недомыслие его учёных умов, неадекватность его политических деятелей, раболепство населения перед культом наживы. Если же западники всё-таки смогут преодолеть мораль технического самоубийства, то во имя сохранения человеческой формы жизни на Земле они вынуждены будут обращаться к русским для приобретения отечественной готовой техники и приобщения к ведущимся в России перспективным разработкам. Хотя бы ради собственного самовыживания. им придётся пользоваться отдельными узлами и целыми блоками технических систем российского производства, поскольку технические решения русских инженеров и изобретателей представляют собой живые человеческие компоненты, которые будут в значительной степени оживлять и все мировые технические системы на принципах человечности.

Только в случае привнесения в технические комплексы Запада живительной энергетики из Руси в виде изобретений, блоков, функционально законченных технических систем, эти комплексы, мёртвые или содержащие вибрации инопланетной жизни, будут преобразованы таким образом, что биологическая природа земной жизни, наоборот, будет ускоренно развиваться при принижении значения технической сферы, призванной только помогать биологическому человеку. Подобную перенастройку в мировые технические системы может принести исключительно русская техника, поскольку она изначально создавалась именно исходя из принципа доминанты биологии человека над любыми техническими проектами.

При этом условии человек сможет вновь ощутить себя властелином в окружающем его пространстве. Взяв совершенные образцы техники в качестве системы отсчёта своих сил, он будет всё в большей степени проявлять свои природные способности, подменяемые на сегодня техническими устройствами. Тогда без техники, без этих ненужных ему костылей, он сможет совершать деяния, которые сегодня относятся к разряду чудес. К примеру, без радиолокационных систем он сможет видеть различные объекты, находящиеся, скажем, за горизонтом. Другими словами, на будничном уровне у человека будут проявляться такие сверхспособности, которые вполне равноценны выдающимся техническим достижениям современной научной мысли.

Потенциальные возможности биологии человека в сравнении с любым техническим устройством безграничны. И это является самой большой тайной, которую сегодня закулисные силы мировой истории стремятся скрыть от самого человека. Однако время разгула этих сил мрака уже безвозвратно прошло.

11.05.2002

ВНЕЗЕМНОЙ ИСКУССТВЕННЫЙ ИНТЕЛЛЕКТ ТЕХНОСФЕРЫ ЗЕМЛИ

Сегодня как никогда ранее люди отчётливо начинают понимать, что все технические системы Земли - это всего лишь элементы внеземного технического разума. Наиболее совершенные технические разработки, особенно глобального масштаба, навязаны человечеству инопланетными техническими цивилизациями. И если при создании технических устройств, объединённых в технические системы разного уровня сложности, люди стремились к обеспечению более комфортных и цивильных условий своей жизни на планете, то чуждый землянам технический разум, действующий через проекцию тех или иных технических решений в умы земных учёных и инженеров, специализирующихся на разработке и конструировании технических систем, всегда преследовал цель, состоящую в последовательном осуществлении программы колонизации планеты небиологической формой жизни.

Внеземной технический разум целенаправленно вытравил из сознания современных людей реальные законы Вселенной. Земляне, в результате, забыли общее и оперируют лишь частным. Это обстоятельство заставляет изобретателей заниматься усложнением техногенной среды обитания людей, то есть они вынуждены изобретать всё большее количество примитивных - с точки зрения существа вселенских законов - устройств и увязывать их во всё более сложные инженерные агрегаты. И с этой прогрессирующей тенденцией напрямую связано увеличение числа техногенных катастроф на Земле. Однако за всем этим прослеживается более серьёзная опасность, надвигающаяся на земное человечество.

Суть происходящего - поступательная переуступка функций человеческой формы жизни техническим человекообразным моделям.

Итак, поскольку всё, что касается функционирования земных технических систем, находится под пристальным вниманием инопланетного разума технических цивилизаций, реально финансируется разработка и реализация на практике только тех образцов техники, с помощью которых в той или иной степени осуществляются общепланетарные планы внеземного разума. Такое манипулирование денежными потоками стало возможным потому, что представители внеземных технических цивилизаций являются фактическими хозяевами всемирной финансово-кредитной системой, поскольку именно они и привнесли на Землю денежную форму экономических отношений. Громадным достижением пришлых явилось внедрение культа преклонения перед техникой в качестве первостепенной основы развития западного типа цивилизации. И этому культу даже вопреки чувству самосохранения природного человека фанатично служат земные технократы, самозабвенно верующие в научно-технический прогресс как в панацею от всех бед человечества.

Среди технократов западной цивилизации наиболее талантливыми, а то и гениальными, считаются именно те учёные и конструкторы, которые, сливаясь с создаваемыми ими физическими устройствами, наделяют их расширенными по сравнению с человеческим организмом возможностями. Тем самым в жертву техническому божеству бездумно приносится сама природа человека. О здравом смысле неразумных землян при этом говорить не приходится, поскольку такие устройства фактически оживляются породившими их "гениями" из числа людей Земли, которые не способны осознать, что их гениальность - всего лишь результат скрытого управления ими со стороны технического разума небиологической формы жизни.

После акта подобного "оживления", имеющего целью замещение человека в том или ином функциональном аспекте, гении-создатели становится фактически безвольными рабами этих заживших своей жизнью устройств. Обстоятельства при этом как бы случайно складываются так, что такие "гении" или погибают, или с ними случается нечто, что не позволяет им далее заниматься эксплуатацией и изменением по собственному разумению этих устройств, или, что происходит в большинстве случаев, они становятся безвольными придатками созданных ими устройств. В последнем случае модернизация или усовершенствование устройств якобы по планам их создателей, на самом деле, является проявлением разумности самих этих устройств, использующих своих создателей в качестве питательной среды своего самосовершенствования с целью преобразования по своему усмотрению биосферы Земли. И чем больше в мире появляется оживлённых на таких условиях разумных устройств, функционирующих благодаря жизненной энергии людей, тем более возрастает опасность соединения их в единую систему технической реализации общеземного искусственного интеллекта, для которого биологическая форма жизни, включая человека, не будет иметь никакой ценности.

Следует отметить, что на сегодня в подобном объединении наиболее преуспели компьютерные сети, уже сейчас довлеющие над личностями людей, переключая на себя посредством интерактивного диалога с компьютером их интеллектуально-чувственные проявления с целью аккумуляции в сети жизненной энергии людей.

5.08.2002

ИНТЕРНЕТ-ПОРЫВ В ЭЛЕКТРОННЫЙ КОНЦЛАГЕРЬ

Интернет - весьма комфортная психическая среда, удовлетворяющая самые разнообразные запросы среднестатистического представителя общества, то есть львиного большинства населения Земли. Эту массу людей в разных странах в разное время обществоведы называли обывателями, бирюками, простолюдинами, плебеями, быдлом, стадом баранов, рабами божьими и т.д. Проще говоря, во все времена при любых общественно-политических режимах требовалась определённая доктрина по управлению массами людей, несущих на своих плечах властную государственную надстройку. Уравновешивание с помощью религиозного, идеологического или какого-либо иного аппарата воздействия на сознание человека той нещадной эксплуатации жизненных основ человеческой особи - необходимое условие надёжного и продолжительного существования государственного строя любой политической направленности. В современных условиях массовой компьютеризации всех сторон жизни общества интернет - это ярко выраженный информационный аппарат воздействия на психику человека.

При той интенсивности, с которой компьютеризированный способ мышления завоёвывает умы людей, при той глубине перестройки мыслительного, чувственного и даже физиологического систем человеческих организмов, при той устойчивости примитивных мировоззренческих схем, которыми заменяется многогранный живой мир в сознании пользователя сети, интернет следует однозначно отнести к новой агрессивной форме всемирной идеологии. Более того, средствами интернета проявлено единое планетарное сознание людей, к чему настойчиво устремляли человечество и различные тайные ордена вольных каменщиков, и многообразные философские школы, и многочисленные мистические учения, и мировые религии, основывающиеся на каббале, и космополиты, и политико-экономические теории всеобщего потребительского общества и т.д. и т.п.

Хакерская атака в октябре 2002 года на 13 базовых компьютеров системы интернета со всей очевидностью показала, что ещё не у всех пользователей сети мозги размякли настолько, что они не могут сообразить, откуда растут ноги этой замечательной игрушки, с мягким коварством через весьма непродолжительное время заполоняющей метастазами примитивизма весь внутренний мир человека.

К сожалению, этим светлым головам не хватило 30 минут для слома интернета. А ведь вынужденная оторванность от монитора позволила бы многим пользователям, уже серьёзно поражённым интернет-заболеванием, понять, во что они превратились. Осознать, что они стали лишь бледной тенью, отдалённо напоминающей человека.

Те безымянные борцы за избавление планеты от паутины интернета, в которую её укутали закулисные хозяева мира, знали на что шли. Сейчас полицейские ищейки Нового Мирового Порядка выискивают этих людей, ставших опасными для тайного центра мировой власти, подавляя их поодиночке при абсолютном равнодушии всех тех, ради кого они пошли на эту отчаянную акцию.

И вот что особенно поражает, интернет-зависимости, которую врачи квалифицировали как пятый вид патологичекой зависимости (алкоголь, табак, наркотики, токсины), подвергаются всё больше и больше вполне умных и образованных людей.

Аналитики диву даются всем тем нешуточным баталиям, которые разворачиваются в виртуальном пространстве интернета. Но в чём пафос этих баталий? Ни в чём, поскольку все эти перепалки - буря в стакане воды. А как всё это влияет на практическую жизнь людей? Очень плохо.

Жутко становится от вида всё более пустынных улиц и дворов в городах, где развит интернет. Дай всем бандитам по компьютеру - и те перестанут хулиганить на улицах, окунувшись в киберстихию. Социальная активность людей снижается потрясающими темпами по мере охвата неблагополучных районов интернетом.

Более развитые пользователи в интернете всё болтают и болтают. Менее развитые - смотрят порнографию или разглядывают товары. Где бы они не находились, интернавты мечтают только об одном - скорее дорваться до компа и погрузиться в паутину. А ведь уже многие на собственном примере ощутили, что применить интернет-знания в реальной жизни практически невозможно (кроме коммерческой информации и объявлений о каких-то событиях). Информация в интернете имеет совсем другую структуру, нежели это наличествует в реальной жизни. Информационная картинка из интернета ориентирована его создателями на роботизацию людей, блокировку у них 3-й и 2-й сигнальных систем и опускание их на уровень 1-й сигнальной системы, то есть на уровень животных инстинктов.

Заправилы идеологии Нового Мирового Порядка только хихикают да потирают руки в удовольствии: кинули на потребу толпе мыльный пузырь, в результате чего дело так закрутилось, что этот мыльный пузырь всё более ломает сопротивление противников образования единого мирового государства "граждан мира".

Любой человек, по много часов работающий в интернете, по прошествии какого-то времени начинает замечать, что реальная действительность как-то всё более отдаляется от него. Ему становятся безразличными проблемы жизни как таковой. Когда необходимость заставляет его выходить из сети и отрываться от компьютера он становится похож на большого ребёнка, который не знает, что делать, как поступать в отношениях с живыми людьми, обществом, природой. В сети же он, как правило, находит для себя некую абстракцию и начинает обмозговывать её со всех сторон, что со временем становится целью его существования на свете.

И у детей, и у взрослых, запутавшихся в паутине сети, развивается такое заболевание, как аутизм. Для таких людей общение с живыми людьми вызывает нешуточные нервные потрясения. При этом интернет-общение с этими же людьми приводит их в состояние восторга и эйфории. Сколько таких интернет-калек сегодня наличествует в мире достоверно не знает никто. Экспертные оценки позволяют говорить о цифре в десятки миллионов человек.

Молодой человек, с раннего возраста въехавший в интернет, который стал уже частью его личности, всё равно рано или поздно вынужден отрываться от компьютера и идти на учёбу, на работу, в армию и т.д. Тот психологический надлом, который он получает в результате столкновения с жёсткостью реальной жизни, когда тебя бьют, унижают, заставляют выполнять грязную работу, идти на смерть, зарабатывать на прокорм семьи (да и пребывание в интернете требует от пользователя финансовых затрат) может привести его на дно общества, к наркомании или самоубийству.

Его раздувшееся в nete самомнение ни на чём не основано. В реальной жизни к его интернет-иллюзиям никому нет дела. Такой удар по всем своим жизненным убеждениям интернет-толка выдержит далеко не каждый интернавт.

Таким образом, с помощью интернета штампуются психологически недееспособные люди, которые всеми силами стремятся не выползать из своих берлог на свет божий. За компьютером они виртуально любят, дерутся, упражняются в словоблудии, пользуясь безнаказанностью, хамят и изображают из себя перед другими такими же потерянными людьми героев, хвалясь своими несуществующими достоинствами… А там и смертушка вылезет из сверкающего экрана. Зачем жил? Непонятно.

Подобное выбивание людей из жизни в виртуальные иллюзии чётко соответствует планам Нового Мирового Порядка по компьютерному управлению людьми. На территории развитых стран ускоренными темпами реализуются программы перевода всех жизненных отправлений человека на электронный уровень. Эти программы, по их завершении, позволят засадить людей в клетки их квартир, снимать с них энергию жизни через телекоммуникационные каналы без выпуска их на улицы и, тем более, на природу.

Другими словами, единое планетарное государство - это ни что иное, как электронный концлагерь, нацеленный на полномасштабный перевод людей на растительный образ жизни.

1.02.2003

ПОРАБОЩЕНИЕ ЛЮДЕЙ МАШИННЫМ ИНТЕЛЛЕКТОМ

Глобальная технотронность цивилизованного мира - неоспоримый факт новейшей истории человечества. По этой причине принципы технотронного воздействия на окружающую среду жизненно необходимо знать каждому мыслящему человеку современного мира. Более того, настоятельно требуется осознать, что наукоёмкая техника превратилась в наиболее агрессивный элемент среды, окружающей человека наших дней. Городских жителей техника держит во всеохватных кабально-плотных тисках, от захвата которых они не в силах освободиться, что бы только для этого не предпринимали. Вся гамма мира техники, являющейся, по сути, технологической оснасткой подготавливаемого к запуску конвейера по производству андроидов из биоплоти человеческого тела, повсеместно распределена в каменных джунглях городов, составляя базовый уровень всей бытовой и социальной жизни горожан. Её удушающие всё живое щупальца уже протянулись из городов и в сельскую местность, где она так же плотно заполонила бытовую среду сельских жителей. И эта бытовая доминанта технической насыщенности обыденной жизни людей оказывает на них колоссальное влияние, подспудно навязывая им алгоритмы мышления по аналогу с алгоритмами функционирования технических агрегатов различного назначения.

Приходится констатировать тот факт, что человек гуманитарного склада ума редко задумывается об агрессивной технической среде, сбивающей все естественные биоритмы и межклеточное взаимодействие его организма в те моменты, когда он эксплуатирует тот или иной образец техники, строго придерживаясь прилагаемой инструкции пользователя. Для Родомыслов же понимание сути технотронного воздействия на психику и, в целом, на всё существо человека относится к разряду тривиальности, поскольку у них вдобавок к серьёзному уровню технического образования сформирован ещё и широкий непредвзятый взгляд на жизнь, на людей, на науку и технику. Однако, в строгом соответствии с принципом всеобщего энергобаланса, они вынуждены платить высокую цену за свою специфическую жизненную позицию, провоцирующую проявление в их жизни серьёзных трудностей и трудноразрешимых проблем бытового порядка, поскольку они на сущностном уровне не способны мыслить узкими категориями мещанства и обывательщины. И вместе с тем, эти люди ощущают себя величайшими счастливцами, ведь им открываются новые подходы к решению старых проблем, новые неизведанные области знания на стыке узкоспециальных научных дисциплин, и, кроме того, зачастую они становятся первооткрывателями новых мировоззренческих концепций, быстро обретающих многочисленных приверженцев в самых разных частях земного мира людей.

Если же говорить об ординарных людях,

которые, заблудившись в дебрях товарно-денежной надстройки технократического базиса современной цивилизации, в отличие от Родомыслов не в силах осознать установившиеся к настоящему времени жёсткие реалии своего добровольно-принудительного заточения в технотронной клетке, то они неотвратимо становятся безвольными биопридатками техники, с которой они в буквальном смысле сращиваются в человеко-машинные агрегаты. С течением времени техническая составляющая этих агрегатных образований всё более безапелляционно начинает диктовать свои правила игры их человеческой части, в результате чего люди, у которых в произвольном режиме отключён разум, уже не в состоянии адекватно осознавать своего неспешного порабощения машинным интеллектом в режиме пошаговых итераций. Такие люди, природный биоразум которых оказывается замещённым алгоритмами формальной логики окружающей их техносферы, полностью теряют способность к творческому образу мышления, который подменяется неестественной формулярно-инструктивной активностью головного мозга. И, конечно же, формуляры и инструкции составляют для них нечеловеческие прародители техногенной цивилизации, метастазы которой с коварной хитроумностью в своё время были имплантированы в природное сообщество людей Земли.

Техногенная агрессия на человеческое

сообщество опасна ещё и тем, что техника, сверх всякой разумной меры насыщающая среду обитания современного человека, а потому в активном режиме довлеющая над ним, трансформирует его организм посредством механизма мутаций на клеточном уровне, опутывая пространство жизнедеятельности данного индивида интенсивными потоками мутагенных, а зачастую и патогенных излучений. И поскольку любая техника, подконтрольная внеземному техническому разуму, усиливает процесс инволюции биологического человека, углубляя и ускоряя его по мере собственного совершенствования и интеллектуализации, что приводит к мультидиапазонному воздействию на живые организмы, подобные мутации с большой долей вероятности через ряд поколений опустят его на животный уровень или приведут к полному вымиранию человеческой формы жизни.

В связи с этим, полезно знать, как сами представители позитивистской науки интерпретируют отличие человека от нечеловека. На состоявшейся 4.03.2002 на телеканале НТВ дискуссии по биоэтике, в которой участвовали доктор медицинских наук Андрей Акопян и доктор философских наук Борис Юдин, доктор Акопян с точки зрения представляемой им медицинской отрасли науки так сформулировал определение природного человека: "Человеком является человечески родившийся индивид, то есть тот, кого мать выносила в матке, ибо искусственная матка не создана и вряд ли будет создана. Поэтому с социально-этической позиции очень важно определиться, кто есть человек, а кто - нечеловек. Все рождённые матерью должны иметь одинаковые права". При этом он отметил, что сегодня люди с опаской относятся к достижениям научно-технического прогресса, ибо достоянием гласности становятся всё новые и новые факты его античеловеческой направленности. Очевидно, доктор Акопян полностью отдавал себе отчёт в том, что многие достижения научно-технического прогресса способны так повлиять на природного человека, что о нём уже трудно будет говорить, как о "человечески родившемся индивиде". И именно эта угроза человеческому естеству сознательно или интуитивно порождает широко распространённый среди населения неизбывный страх перед монстром научно-технического прогресса.

В технократическом мире у человека, встроенного в качестве функционального элемента в машинизированное производство товаров, услуг и информации или в насыщенный техническими устройствами быт, постепенно изменяется физиология организма в соответствии с комплектацией тех технических устройств, в среде которых он вынужден находиться длительные промежутки времени. Те или иные физиологические изменения весьма наглядно можно отследить у людей различных специальностей, которые много лет трудятся на одном и том же рабочем месте при фактически неизменном техническом оборудовании, которое создаёт неестественные для организма человека техногенные условия существования. Помимо всего вышесказанного, люди просто обязаны знать, что многие образцы техники, которыми они ежедневно пользуются для удовлетворения своих нужд дома или на работе, специально созданы для снятия с человека на тонкоматериальном уровне энергии жизни и передаче её по предписанию. Куда? Кому? На эти вопросы призваны ответить Родомыслы.

19.09.2002

ГЕНЕТИЧЕСКИ МОДЕРНИЗИРОВАННЫЕ УЖЕ НЕ ЛЮДИ

Определяемый генотипом конкретного человека состав его крови является главенствующим фактором формирования типа личности этого индивидуума. Мистическим свойствам человеческой крови принадлежит жизнеопределяющее значение для судеб различных народов и этносов, что нашло отражение при проведении с ветхих времён вплоть до наших дней различных мистерий посвященными в сакральное знание служителями различных культов. Примерами самого примитивного использования мистики крови выступают изощрённые кровавые жертвоприношения многочисленных религиозных ритуалов, с особой жестокостью культивируемых в странах полуденного зноя.

Однако наиболее значимым для судеб мира применением тайного знания о факторе крови человека, что само по себе значительно информативнее простого подразделения на группы крови, стало включение его в качестве одного из краеугольных звеньев в древнейшие магические процедуры генетической модернизации земных людей. И именно ритуально-обусловленная инициация мистических свойств крови при проведении таких магических процедур позволила внеземным силам нечеловеческих форм жизни, относящимся к техногенным цивилизациям космоса, привнести в человеческий образ жизни гибельную для людей Земли логичность мышления и поступков.

Для осуществления этого акта комической агрессии потребовалось волновое генетическое вмешательство непосредственно в процесс кроветворения, проистекающий в организмах земных людей, что вылилось в гипертрофированное развитие у генетически модернизированных таким образом человекообразных особей определённых областей мозга, ответственных за логическое мышление. Такая модернизация небольшой части изначального человеческого сообщества привела к образованию нового типа жителей Земли, по сути, человекообразных существ, лишь отдалённо напоминающих первородных людей. Жизненные реакции этих вновь выведенных существ основываются преимущественно на логической целесообразности при угнетении вплоть до полного отключения чувственного аппарата их организмов. По сути же, в биологию человеческих организмов был заложен точно такой же математический аппарат, который применяется для построения электронно-вычислительных систем, что является той самой единой методологической базой, на основе которой сегодня происходит сращивание современных потомков человекообразных существ, выведенных внеземным техничесим разумом в результате модернизации исконных землян, и технических устройств, функционирующих по алгоритмам компьютерной логики.

После проведения базовых процедур генетической модернизации коренных людей Земли разум чуждой земным людям нечеловеческой формы жизни много тысячелетий занимался селекцией типа людей, эффективно применяющих в реальной жизни привнесённые в их генетику новые свойства. В результате были созданы эталонные человекоподобные существа с совершенным логическим аппаратом, у которых практически целиком была уничтожена система жизненных ценностей, основанная на природной чувственности исконного человека Земли, то есть посредством генетического вмешательства у этого искусственного типа человекоподобных были исключены те духовные эманации, которые в просторечье обобщённо определяются как "душа человека". По этой причине эталонные типажи логического типа человекоподобных существ не способны испытывать какие-либо душевные переживания, а нравственное поведение является для них нонсенсом.

Отсюда как раз и произрастает безнравственность современных научных изысканий, поскольку у современных учёных основной целью является достижение логически обоснованного результата с выверенной доказательной базой. И этих гипертрофированных логиков, даже если они сознают абсолютную аморальность своих научных достижений, вовсе не волнует, как их открытия и изобретения будут использоваться в дальнейшем. Без каких-либо особых угрызений совести, они спокойно наблюдают, как либо продажные политики, радеющие только о своей безграничной власти, либо бизнесмены, служба которых культу Мамоны ввергает их во все тяжкие ради получения прибыли, внедряют их античеловеческие научные доктрины в реальную жизнь. И ведь история уже зафиксировала в своих анналах, что безнравственность научных деятелей часто приводит к массовой гибели людей, как это произошло, к примеру, с ядерным оружием или целенаправленным распространением опасных вирусов в человеческом сообществе. Подобный цинизм находит, однако, вполне адекватное объяснение, если учесть, что и учёные, и политики, и бизнесмены принадлежат по преимуществу к искусственно выведенному логическому типу человекообразных, у которых нет души, но которые посвящены в мистику крови пусть даже и на бессознательном уровне.

Историческая судьба новообразованной общности человекообразных логиков была предрешена таким образом, что после завершения процесса генетической модернизации этого обособленного отряда человекоподобных существ, фактически превращенных в нелюдей, из них и их многочисленных потомков методом селективного отбора в одном из благодатных уголков ойкумены, территория которого предварительно подверглась зачистке от местных жителей, была образована замкнутая цивилизация, основанная на бескомпромиссном доминировании логики во всех сферах жизни. Развитие данной цивилизации изначально предусматривало формирование безнравственной общественной морали человекоподобных биороботов и комплексной Системы всестороннего контроля, управления и в том числе денежно-материального обеспечения процесса общепланетарного распространения моральных установок данной цивилизации логиков. Рядовыми носителями принципов этой Системы являются как полностью генетически модернизированные человекообразные существа, так и все многообразные гибридные особи этих существ, всё новые и новые образцы которых появляются на свет в результате половых связей с природными людьми либо с их уже гибридизированными образцами.

Маги, которых специально подготавливают для жизненного водительства этой общностью генетически модернизированных человекообразных особей, исполняющих функцию строительства по всей Земле городских поселений, жизнедеятельность которых основывается на принципах Системы, являются жреческим сословием тайного учения о сакральной сущности Системы. Поколения этих потомственных жрецов вплоть до сегодняшних дней сохранили учение о Системе в его первозданном виде, не позволяя никому даже в малой толике видоизменять его догматику.

Сама же Система крайне жестоко проявляет себя по отношению к природному человечеству, а также ко всему, что так или иначе связано с ним. Природный человек, которого посредством какого-либо из наличествующих в большом числе технологических приёмов интегрируют в Систему, по результатам чего он превращается в человекообразное существо той или иной степени доводки до эталонного образца, представляет из себя с точки зрения самой Системы всего лишь биологический материал, используемый её структурами на принципах робототехники для достижения глобальных целей внеземного технического разума. А это означает, что от такой человекообразной особи только-то и требуется, что проявлять во всей своей деятельности исключительно холодный расчёт, основанный на чисто логических процедурах по аналогии с математическим обеспечением электронно-вычислительных машин.

Один из главных постулатов тайного учения о Системе, на котором, собственно, и зиждется её вероломство, - это положение о том, что наиболее действенным и незыблемым методом распространения и утверждения Системы повсеместно на Земле является включение генотипа людей, подвергшихся генетической модернизации в строгом соответствии с магическими процедурами тайного знания, в генофонд различных народов мира при строгой неприкосновенности генетического эталона представителей того самого обособленного отряда новых человекообразных существ-логиков, что был создан несколько тысячелетий назад на платформе исконно биологического человека Земли. Достигается такое ползучее видоизменение генофонда земного человечества через женских особей этих человекообразных существ, отдаваемых в жёны наиболее талантливым людям природного человечества. При этом жрецы зорко следят за недопущением кровосмесительства элиты генетически эталонного отряда человекообразных существ с представителями природного человечества, пресекая любую попытку мужской особи из элитарного сословия этой общности модернизированных существ взять в жёны природную женщину.

Вне этого эталонного отряда человекообразных существ, как уже отмечалось выше, создана целая иерархия гибридных существ - нелюдей с самой разнообразной пропорцией кровосмесительства. То есть нужно понимать, что чуждый природному человечеству генотип нечеловеческой формы жизни, приводящий к необратимой модернизации людей с вычленением их из исконно человеческой формы существования на Земле, к сегодняшнему дню широко распространён по всей территории нашей планеты. Ключевые гены искусственно созданного генотипа, попадая посредством механизма размножения в геном всё новых и новых поколений человечества модернизируют людей во всё большем масштабе в точном соответствии с первозамыслом внеземного техногенного разума.

От модернизированной же человекообразной особи не только не требуется проявление пусть и примитивных человеческих качеств, но подобная патология биологического материала искореняется самым жесточайшим образом, поскольку исконные человеческие качества природных людей и математическая логика искусственно созданных человекообразных существ соотносятся между собой примерно как материя и антиматерия. Поэтому все попытки их синтеза, что обычно наблюдается на примере гибридных человекоподобных существ, приводят к деградации и самоуничтожению этих гибридов.

При этом гибридные формы человекоподобных особей, находящиеся по отношению к природным людям в различной степени кровосмесительства с эталонными нелюдями, кроме всего прочего, обречены на репродуктивное затухание. Скорость их вырождения тем стремительнее, чем более значительно замещение в их организмах исконно человеческих генов на нечеловеческие. Репродуктивное затухание у народов Западной Европы, наиболее сильно подвергшихся генетической экспансии нелюдей, весьма наглядно демонстрируется депопуляционными демографическими показателями стран Запада. Вырождению этих народов способствуют и различные наследственные генетически обусловленные заболевания у тех их представителей, предки которых были включены в процесс кровосмесительства.

Непредвзятый анализ мировых событий позволяет сделать вполне однозначный вывод, заключающийся в том, что к настоящему времени Система стала фактически общемировым стандартом организации жизни человечества, под которым сегодня понимается колоссально расплодившееся сообщество генетически модернизированных человекообразных существ. Идеологическим стержнем этого сообщества существ логического стандарта существования является весь тот набор атрибутов, который объединяется понятием "Западная цивилизация". И поскольку природные люди принципиально не способны вписаться в античеловеческие механизмы функционирования Западной цивилизации, их уже немногочисленные остатки оттеснены на дальнюю периферию пространства распространения Системы, где они подвергаются жесточайшему геноциду и физическому уничтожению.

24-25.11.2004

ПУТИ РАЗВИТИЯ ТЕХНОГЕННОЙ ЦИВИЛИЗАЦИИ

Люди забыли, точнее их заставили забыть, главный принцип эволюционного развития человеческого сообщества - "К простоте естества", в котором отражается вся гармония мироздания. В результате, большинство из людей цивилизованного мира в своей обыденной жизни, подобно слепым несмышлёнышам, делают всё наоборот под лозунгом "К сложности техногеники", обусловливающий самый примитивный путь развития человеческой цивилизации. Этот путь столбового направления развития современного человечества при внешнем блеске комфортного жизнеустройства является самым гибельным вариантом затухания биологической жизни на планете, поскольку ведёт к уничтожению людей в качестве первичных элементов человеческой цивилизации, по существу уже превратившейся в соответствии с галопирующими темпами научно-технического прогресса в техногенную нечеловеческую цивилизацию.

Другими словами, техногеника создаёт агрессивную среду ликвидации в планетарном масштабе как самого биологического человека, так и вообще биологической формы жизни, которая уже несколько столетий поступательно замещается небиологической формой жизни в виде самых разных роботов и других технических устройств, в той или иной степени использующих элементы искусственного интеллекта.

На сегодняшний день земная наука не имеет ни малейшего понятия о субстанции души человека. Вполне возможно, эту проблему решит технический разум, всё более отчётливо произрастающий на базе многотысячелетних достижений биологического разума. Впору выдвигать гипотезу, согласно которой души людей, как ныне живущих, так и почивших в бозе, будут притянуты специальными техногенными устройствами для заключения их в разнопрофильные биоробототехнические агрегаты с тем, чтобы, оживляя их таким способом, перемкнуть на эти агрегаты всю жизненную силу биологической формы жизни, заставив её функционировать под тотальным контролем и управлением техногеники. Вот тогда и произойдёт окончательная передача эстафеты земной жизни от биологической к кремниевой форме. Круг жизни биосферы Земли тем самым будет замкнут.

Необходимо отметить, что подобное развитие событий - это нарушение на сущностном уровне со стороны человечества Земли законов жизнеустроения Вселенной, то есть, если говорить начистоту, человеческая цивилизация, ускоренно движущаяся по технически обустроенному пути самоуничтожения, по сути, предаёт как самоё себя, так и свою родную планету. По этой причине земная раса техногенно ориентированных людей недостойна претендовать пусть даже на самое скромное место в ряду великих космических рас ни в данное время, ни в будущие времена, ибо заражена смертельным вирусом, трансформирующим изначально данную человечеству Всевышним Творцом искру жизни в примитив агрессивно-паразитарной техногеники, что является крайне серьёзной угрозой для любой органической жизни в пространствах Вселенной.

В соответствии с этикой Большого Космоса только природная часть человечества Земли признаётся разумными космическими расами в качестве единственных представителей человеческой формы жизни на Земле. Природные люди даже в условиях жесточайшей экспансии техногеники продолжают оставаться на эволюционном пути развития, в противоположность тем бывшим своим сородичам, кто связал свою плоть, душу и разум с Системой внеземного технического разума. У этих технотронных человекоподобных особей нет будущего, ибо они неудержимо скатываются в небытие по спирали инволюции.

11.04.2005

ПРЕТЕНЗИИ ТЕХНОСФЕРЫ НА НАСЛЕДИЕ БИОСФЕРЫ

Человеческая культура развивается посредством напластования более новых культурных традиций на более древние. Собственно, любое новое культурное явление проявляется из того или иного направления общемировой культурной копилки человечества, часто хорошо забытого. Однако объективный профессиональный культурологический анализ позволяет со стопроцентной вероятностью обнаруживать истоки большинства новомодных явлений культурной жизни, сокрытые в глубинах времени или относящиеся к фольклору народов других частей планеты.

По аналогии с подобными культурными напластованиями человеческой истории развивается и программно-алгоритмическое обеспечение компьютерных систем. Первые программисты составляли компьютерные программы в машинных кодах двоичной системы. Далее эти наработки вошли в программы, написанные сначала в двоично-восьмеричной или двоично-шестнадцатеричной системах, а затем на мнемокодах, ассемблерах, турбо-ассемблерах. Далее те из этих программ, которые доказали свою прикладную или системную значимость, были использованы в компиляторах и трансляторах различных алгоритмических языков и языков высокого уровня. В свою очередь программные наработки на этих языках стали той самой интерфейсной средой, которая позволяет современным программистам общаться с компьютером на языке, приближенному к разговорному языку. И уже сегодня активно развивается система управления ЭВМ на системных языках мозга человека, что позволяет программисту работать с компьютером непосредственно с помощью мысли.

Так поэтапно развивалась "компьютерная культура", которая к настоящему времени, помимо фиксирования в своих анналах типизированных алгоритмов мыслительных процессов человеческих существ, ускоренными темпами вбирает в себя фактически всё многообразие человеческой культуры посредством формирования в программных комплексах баз знаний цивилизационного наследия различных народов Земли. Тем самым машинный разум крепнет и развивается день ото дня и к настоящему времени, преодолев младенческую стадию, перешёл уже в стадию детства, активно осваивая окружающий мир. И если взрослеющей не по дням, а по часам техногенной цивилизации люди поначалу нужны были в качестве создателей основы её аппаратной базы и исходного программного обеспечения, то теперь они используются ею для формирования, организации, отладки и тренинга общепланетарного искусственного интеллекта кремниевой формы жизни уже стабильно функционирующей на планете.

К сожалению, по причине разработки и производства всё новых и всё более совершенных образцов технических агрегатов самого различного назначения, которые весьма эффективно эмулируют человеческий образ жизни и процесс принятия решений мозгом человека, разумность людей снижена сегодня до катастрофически низких показателей, поскольку эта техника с микро- или нанопроцессорным управлением вынуждает человека добровольно-принудительно отказываться от всё большей доли своей разумной деятельности в пользу искусственного технического интеллекта. В целом же само человечество буквально ослеплено своими "выдающимися" достижениями в преобразовании биосферы Земли по канонам техногеники. При этом львиное большинство землян даже и близко не осознаёт, что капкан вот-вот захлопнется, и возврата назад уже не будет никогда, поскольку с определённого этапа развития планетарной техносферы начали действовать законы тотального вытеснения ею других, менее жизнеспособных форм жизни. То есть биологическая форма жизни, ускоренно взращивая руками безразумных особей человеческой цивилизации антагонистическую самой себе кремниевую форму жизни, тем самым расписывается в своей нежизнеспособности и добровольном согласии на замещение биологических существ кремниевыми. Но поскольку люди ещё сохранили какие-то возможности влиять на развитие техносферы, вся биосфера Земли фактически уже стала объективной помехой для техногеники, развивающейся по своим собственным программам эффективного захвата жизненного пространства биологической формы жизни. Существует объективный закон замещения жизненного пространства слабых форм жизни более сильными жизненными формами. В соответствии с этим законом кремниевая форма жизни со временем окончательно уничтожит органическую жизнь на территории всей планеты как откровенно враждебную силу для своего абсолютного господства в пространстве Земли. Вопрос только во времени решения этой задачи, хотя, судя по темпам тотальной технизации жизни людей, судьба земного человечества может быть решена не в его пользу уже в обозримое время.

При этом последует непродолжительный переходный период для завершения передачи техногеннике формализованных соответствующим образом знаний человеческой цивилизации. В этот период с помощью методов генной инженерии будет организовано выращивание в промышленных масштабах андроидов с заданными свойствами их биосоставляющей, в результате чего будет создана реально функционирующая основа кремний-органической жизни на планете. В дальнейшем у производимых на фабриках-автоматах андроидов постепенно будет снижаться доля биотканей, что со временем приведёт к замене андроидов стопроцентными роботами. То есть по мере освоения производства небелковых аналогов существующих на Земле биологических тканей будут созданы условия, позволяющие производить полноценных дублёров биологических существ на основе кремниевых соединений. Тогда-то уже никто и ничто не помешает переходу всего цивилизационного опыта биологической формы жизни на Земле к её кремниевому аналогу.

А что же люди? Неужели у них настолько потерян разум и притуплен инстинкт самосохранения, что их как безропотных ягнят, обвешанных самыми разными техническими безделушками, которые притупляют сознание, вызывая эйфорию вневременного безмятежного существования, тучными стадами спокойно можно гнать к краю пропасти и сбрасывать в бездну? К вящей печали думающих представителей человеческого сообщества, ещё способных адекватно оценивать происходящие события, сегодня жизнь большей части человечества проходит именно по этой схеме. У биологического человечества, как уникального космического явления, остаются последние шансы спастись от исчезновения. А для этого только-то и требуется массовое осознание угрозы своего полного стирания с лица Земли под напором беспощадного в своём самоутверждении на территории планеты кремниевого разума - высокоорганизованной цивилизации технических устройств различной степени сложности, которым неведомы чувства, в том числе, сострадание и справедливость. Осознание этой нависшей над человечеством угрозы его безальтернативной ликвидации должно оформиться в жесточайшие ограничительные процедуры глобального уровня действия по применению техногеники в человеческих сообществах. Подобные ограничения, естественно, приведут к прекращению НИОКРовских работ по многим направлениям науки и техники (в частности, в областях био- и нанотехнологий), а также к остановке производства и уничтожению множества технических изделий, опасных для жизнедеятельности биосферы Земли.

Конечно же, громадные массы людей, уже не представляющие свою жизнь без своей личной организмической включённости в техносферу, будут протестовать всеми возможными способами против бескомпромиссно регламентированного разграничения биологической и кремниевой форм жизни. Однако реальность дел в данном вопросе такова, что XXI век может стать последним для биосферы Земли, которую на корню уничтожит техногеника. Кроме всего прочего, нужно отдавать себе отчёт в том, что кремниевая жизнь уже завершила начальный этап своего развития на планете, в силу чего полностью ликвидировать её уже не в силах людей, поскольку оно само её породило, пусть и по подсказке внеземных сил, продолжая активно развивать техническое обустройство жизни человечества. То есть ликвидация техногеники - это фактическое усекновение в значительной степени многих жизнеопределяющих устоев человеческой цивилизации. Вместе с тем уразумение пагубности беспредельного внедрения техники в жизнь биологических сообществ планеты позволит уберечь белковую форму жизни от её повсеместного замещения техническими устройствами, к чему сегодня приводит фронтальная эйфория от семимильных шагов научно-технического прогресса, итогом которого может быть всего лишь одно достижение сомнительного свойства - тотальное подчинение техносферой всей биосферы, включая её неотъемлемую часть - всё земное человечество.

Итак, пока ещё доминирующая на Земле биологическая форма жизни должна быть строго разграничена с уже существующей де-факто кремниевой формой жизни при жёстком соблюдении правил взаимоотношений между ними. В этом отчаянном шаге заключается последняя возможность для биологической формы жизни хотя бы застабилизировать ситуацию по дальнейшему развитию техногеники на Земле с приостановкой на сегодняшнем уровне процесса своего уничтожения более сильной формой неорганической жизни.

25.05.2001

Вытеснение земных автохтонов инопланетными аллохтонами

Наделённый в соответствии с исконной традицией Родостава правом полномочного представительства земной биосферы в противодействии нашествию на планету антагонистичной для её геобиоценоза кремниевой формы жизни Родомысл вступает в стоическое единоборство с действующими элементами техносферы, представляющей собою ни что иное, как агрессивное неорганическое новообразование на теле Земли, только находясь в состоянии сверхконцентрации своего духовного потенциала. Необходимость пребывания Родомыслов в состоянии максимального сосредоточения силы духа при свершении обряда оживления техники диктуется консолидированной мощью техногенного искусственного интеллекта, превратившегося на сегодняшний день в крайне серьёзного противника биоразуму планеты по причине того, что техносфера за много веков непрерывного процесса её усовершенствования усилиями помрачённых разумом человеческих индивидов накопила в своих недрах колоссальные запасы жизненной энергии, самым жёстким образом отобранной у людей в процессе их непосредственных контактов с теми или иными техническими устройствами. Эта биологическая жизненная энергия стала той самой питательной средой, в которой произошло возникновение, а в последующем и взрывное развитие в невероятно короткие сроки собственного искусственного интеллекта техносферы Земли. Поскольку к настоящему времени большинство землян прочно зомбировано техногеникой, сегодня помимо немногочисленной когорты высокодуховных людей, в числе которых имеют честь состоять Родомыслы, мало кто из причисляющих себя к цивилизованному сообществу пользователей разнообразных технических приспособлений в полной мере осознаёт ту степень смертоносности для биоплоти любых земных организмов, которая исходит со стороны множества мнимых технотронных помощников человеку в быту и на производстве.

При всём при этом в человеческой среде за много веков устоялось стойкое заблуждение в том, что интеллектуальный уровень человека тождественен степени его духовности. На самом же деле интеллектуально развитый человек, являясь всего лишь типологическим производным от искусственного интеллекта планетарной техносферы, как правило, с пренебрежением относится к вопросам духовности, считая бессмысленной тратой времени и сил развитие и пестование своего духовного начала. Основная же задача человеческих интеллектуалов состоит в способствовании всеми возможными способами сохранению и всемерному упрочению установленного в незапамятные времена на Земле античеловеческого по своей сути цивилизационного миропорядка, который удерживается исключительно с помощью массированного использования технических средств обеспечения практически всех направлений жизнедеятельности людей. Прилагая недюжинные усилия в части процветания современной технократической цивилизации, любой подобный интеллектуал прямо или косвенно участвует в процессе наращивания интеллектуальной составляющей техносферы, с каждым днём всё более и более усиливающей губительный натиск на биосферу, имея целью планомерное уничтожение сущностной основы её жизнедеятельности. При этом порожденные искусственным интеллектом техносферы земные интеллектуалы просто обречены действовать именно подобным образом и никак иначе, ибо высокий уровень интеллекта при духовной ущербности понуждает таких людей к детерминированному существованию в рамках уготованной для них жёстко нормированной схемы личностного проявления в социуме. Таким откровенно непритязательным способом внеземной разум кремниевой формы жизни использует выдающихся в интеллектуальном смысле землян в качестве пятой колоны по созданию всё новых и новых плацдармов планомерного захвата жизненного пространства биосферы планеты.

Опасность вытеснения биологических существ из жизненного пространства планеты постоянно возрастала из века в век по мере развития научно-технического прогресса, достижения которого позволяли создавать всё более и более совершенные образцы техники. Причём с наступлением эры всесторонней электронизации технических разработок, когда процесс глубинного проникновения техногеники в жизнестрой человеческих сообществ по сравнению с эпохой механических устройств резко ускорился, нарастание такой опасности стало происходить чрезвычайно высокими темпами. Хитроумность выстроенной внеземным техническим разумом в общемировом масштабе схемы перетекания жизненного потенциала от биосферы к техносфере заключается во внедрении в общество людей психологической установки, согласно которой цивилизационное развитие человечества зиждется на всемерном развитии технического оснащения жизненного уклада землян. Мол, такая широкоформатная технизация человеческого образа жизни призвана избавить людей от отупляющей человеческое сознание необходимости выполнять тяжёлый неквалифицированный физический труд по обеспечению собственной жизнедеятельности, который, конечно же, рациональнее возложить на значительно более эффективно функционирующие специализированные технические устройства.

После массового усвоения данной психологической сентенции люди без каких-либо сомнений на сей счёт как запрограммированные биороботы стали направлять на создание новых, интеллектуально насыщенных технических изделий львиную долю своего творческого потенциала, предав забвению действительно важные для природы человека сферы деятельности. При этом мировое сообщество жителей Земли приняло за неоспоримую аксиому признание цивилизованности той или иной страны в зависимости от достигнутого ею технологического уровня экономики, что является красноречивой иллюстрацией постановки с ног на голову всей системы жизненных ценностей человечества. Противоестественность навязанной жителям Земли шкалы жизненных предпочтений не замедлила отразиться собственно и на человеческой биоплоти, поскольку для людей стало как-то само собой разумеющимся подавлять природные способности своих организмов в пользу различных технических дублёров, изобретаемых якобы для повышения уровня комфортности жизни человеческих масс.

Духовно ослеплённые жители Земли, поддавшись соблазну собственных фантазий, иллюзорный мир которых предполагает исполнение всех прихотей и пристрастий человеческого индивида с помощью техногеники, сделали всё возможное для всестороннего развития технотронной среды своего существования. Под непосредственным влиянием внеземного технического разума самые гениальные представители человечества век от века иступлённо были увлечены сотворением техносферы в противовес гибнущей биосфере. Романтический период технотворения продолжался достаточно длительное время, пока в какой-то момент истории земной цивилизации, наступление которого осталось не замеченным её летописцами, развитие техники не стало подчиняться исключительно собственным законам, на которые биологический человек никоим образом уже не мог повлиять. С этого рокового для биологической формы жизни момента техносфера в своём дальнейшем развитии замкнулась исключительно сама на себя, обретя неограниченные возможности собственного самосовершенствования. Искусственный интеллект техносферы, продолжая интенсивное использование человеческого разума в качестве генератора идей для своих далеко идущих планов освоения пространства планеты, отвёл львиному большинству жителей Земли роль всего лишь обслуживающего персонала мира техники. При этом потребности техносферы в человеческом участии ослабевают день ото дня, и, напротив, зависимость людей от техники с каждым днём всё более усиливается.

В результате, градиент научно-технического прогресса сегодня направлен на полномасштабное развитие самодостаточной технической инфраструктуры при полном вытравливании из этой стратегической линии обустройства земного мира каких-либо целей, касающихся восстановления биосферы. Из программ научных исследований методично вытравливаются даже частные задачи, способствующие обеспечению хотя бы того уровня эволюции биологического мира Земли, который достигнут органической формой жизни к настоящему моменту времени. Если же в перспективном плане научных изысканий что-то и говорится по поводу биосферной проблематики, то только в ракурсе поддержания воспроизводства тех или иных биологических существ, рассматриваемых в качестве пока ещё технологически целесообразных придатков уже прочно обосновавшейся в отторгнутом у биосферы пространстве новой искусственной интеллектуальной реальности - планетарного технического разума, проявляющего себя в конкретных технических устройствах.

Как ни печально это констатировать, но уже нельзя игнорировать тот факт, что в цивилизованных по современным меркам странах земного сообщества людей реализована отлаженная на многочисленных экспериментах машинно-человеческая модель мироустроения. И судя по тем темпам, с которыми в настоящее время в этих странах происходит развитие техносферы, не за горами наступление следующей стадии процесса вытеснения биологической формы жизни, когда на Земле целиком и полностью воцарится техническая цивилизация, где остатки человечества будут существовать в границах резерваций без каких-либо прав участия в системе управления планетарным мироустройством. Людям будет позволено остаться в живых только при условии сознательного возложения на себя обета безгласного и дисциплинированного исполнения операций технологического процесса сервиса технических аппаратов по аналогии с санитарами в современных больничных комплексах. При этом в качестве безусловного условия существования людей на планете им будет вменено в обязанность принудительная чипизация всех основных органов их организмов, то есть человечеству при подобном развитии событий уготована участь андроидных существ. Но такая технотронная перспектива предусматривается только для населения стран с высоким уровнем развития техники. Что же касается отсталых в техническом отношении стран, то их население для техносферы не представляет абсолютно никакой ценности, и поэтому оно подлежит уничтожению, к примеру, путём инициирования различных инфекционных заболеваний с неизвестными штаммами вирусов.

По поводу сценария замены биологической формы жизни на кремниевую, что ускоренно реализуется в планетарном масштабе уже земным техническим разумом посредством деяний потерявших разумность людей, Родомыслы осведомлены до мельчайших подробностей. Понимание жестоких реалий нависшей над биологической формой земной жизни угрозы полного уничтожения требует от них исполинской силы духа в перманентном сражении за жизнестойкость земной биосферы. Подобно тому, как богатыри древности перед битвой очищались от всего наносного и мелочного, сосредотачивая всю свою духовную силу на идее победы над врагом, Родомыслы наших дней свершают подобное священнодействие перед проведением обряда оживления пусть даже и малой части техносферы в целях использования оживлённой техники в качестве вспомогательных средств при реабилитации биосферы после агрессивных действий технического разума. Чем значительнее число функционирующих технических устройств, одухотворённых Родомыслами, тем эти Воины Света располагают большими возможностями для восстановления гармонии жизнедеятельности всех живых биологических существ Земли. И когда эта гармония будет достигнута, внеземной технический разум, существующий сегодня на нашей планете в недрах техносферы в виде её искусственного интеллекта, вынужден будет убраться восвояси, ибо Земля - родной дом биологической формы жизни, имеющей в соответствии с законами космической этики безусловный приоритет перед любой инвазивной формой жизни, пытающейся проникнуть в земное пространство.

27.07.2010

ГЛАВА III
МЕТАФИЗИКА БЫТИЯ РОДОМЫСЛОВ

Родомыслы - сословие возрождения Руси

Раздробленное общество, отчуждённые от своих родов люди, хаотичная хозяйственная деятельность, расщепление науки по узким, невзаимосвязанным поисковым направлениям исследований, отраслевой принцип построения промышленного производства, приводящий страну к деградации её индустрии, фрагментарное мировоззрение сограждан - всё это и ещё много других прегрешений народная молва относит на счёт нашей национальной интеллигенции. Как ни крути, а у кормила правления страной всегда стоят интеллигенты. И даже в советское время, когда теоретически власть принадлежала рабочим и крестьянам, страной руководили интеллигенты, в ряды которых эти самые рабочие и крестьяне вожделенно стремились влиться как только для этого предоставлялась возможность. Вот такая она заразная - эта "прослойка", в которую почему-то устремляется самая социально активная и наиболее развитая часть любого общества "западного" типа. Посвящение в интеллигенцию происходит с помощью системы образования. Большинство людей, исключая разве что творческих работников, которые идут в элиту общества неповторимо-уникальными путями, фиксируют свой статус интеллигента дипломом о высшем образовании, а также той или иной разновидностью такого документа.

Обретение статуса интеллигента сразу ввергает человека в водоворот перманентной борьбы за право публичного оглашения результатов своего умственного труда, что сопровождается жестким противостоянием интеллигенции естественнонаучного и гуманитарного профилей за пальму первенства в формировании и осуществлении государственной политики в области общественных отношений. Длящееся уже без малого триста лет непримиримое противоборство интеллигентов разного профиля образования за право доминирования в жизни общества было спровоцировано предметной специализацией интеллектуальной деятельности. Как только последние так называемые учёные-энциклопедисты сдали свои позиции на научном поприще - конфликт между "физиками и лириками" перешёл в открытую фазу.

Суть конфликта состоит вот в чём.

Гуманитарии претендуют на роль людей, обладающих более высоким уровнем мышления, позволяющим им понимать макрозакономерности развития событий в государственном или общемировом масштабе. По их глубокому убеждению, именно к такой роли в жизни общества или сообществ подготавливает человека специфика гуманитарного образования, согласно которой он обучается абстрагироваться от частного ради общего. И, что весьма немаловажно, гуманитарий - это кладезь фактологических знаний, с помощью которых легко можно подобрать аналог происходящему в реальности из багажа исторического опыта человечества.

Специалисты естественнонаучного профиля полагают, что без учёта частных факторов, определяющих общее, нельзя добиться качественной оценки ситуации и принять оптимальное решение. Изучив фундаментальные основы сущего в соответствии с методологией и содержанием преподаваемых естественнонаучных учебных дисциплин, естественник на основании этого базиса теоретически должен успешно выстраивать и надстроечные обществоведческие модели развития.

Таким образом, общество колеблется в своей жизнедеятельности то в сторону социальной утопии, когда у власти стоят гуманитарии, принимающие слабообеспеченные доказательной базой решения, то в сторону всеобщей нормативности, если у власти находятся естественники, в большинстве своём неспособные за частными социальными явлениями распознать общие закономерности. И те, и другие являются по сути дела консерваторами, абсолютизируя ту систему ценностей, что была им навязана в процессе их образования. Памятуя о том, что знания, полученные в институте, устаревают уже через три года, а в течение десятилетия способна кардинально измениться и сама их содержательно-смысловая сущность, можно смело утверждать об ущербности каждой из сторон спора в отдельности. Разрешение такого бинарного идеологического примитивизма состоит только в соединении двух подходов воедино.

В шестидесятые-семидесятые годы XX века была предпринята титаническая попытка объединения гуманитариев и естественников в такой экзотический персонаж общественной жизни, как "физик-лирик". К сожалению, эти особи были слишком нежизнеспособны, и поэтому к девяностым годам о них уже никто ничего не слышал. К власти же прорвались гуманитарии, пиррова победа которых ознаменовалась утопическими попытками построения общества свободных рыночных отношений, то есть общества западного типа. Эти деятели, витающие в облаках глобализации всего и вся, своими оторванными от реальной почвы государственными решениями так изуродовали народ, что впервые за всю историю своего существования русские оказались на грани полного исчезновения. Естественно предположить, что маятник востребованности в ходовую рубку российского государственного корабля должен теперь качнуться в сторону кормчих с естественнонаучной подготовкой. Тогда наступит период стабилизации, как уже отмечалось выше, за счёт доминанты частностей в ущерб общему.

Но, судя по состоянию общественного здоровья России, времени на отстройку стабилизационных мероприятий нет. А в состоянии цейтнота естественники, как показывает практика XX века, теряются, что подвергает их опасности следования ложным парадигмам развития государства не в меньшей мере, чем их оппонентов - гуманитариев.

Ситуация с кадровым составом капитанского мостика была бы патовой, если бы не одна маленькая деталь. Громя и разваливая отечественную промышленность, научно-исследовательские институты, конструкторские бюро, вузовскую науку технической направленности, гуманитарии невольно выступили прародителями нового общественного сословия, как будто волей самого провидения подвигнутого по своему образовательному цензу и жизненному опыту к служению народам российским на всех уровнях государственного управления. Пришла пора определить этот слой населения страны как сословие государственных служивых людей, в противовес аморфной массе чиновников-временщиков, все потуги которых сосредоточены исключительно на своекорыстных интересах выгодоприобретания. Исходной базой этого сословия стали специалисты инженерно-технического состава.

Одной из фундаментальных тенденций социально-экономического развития нашей страны во второй половине XX века являлась массированная (другое слово здесь трудно подобрать) государственная программа подготовки специалистов инженерного профиля. Высшие учебные заведения политехнической направленности абсолютно доминировали в системе высшего образования. Чрезвычайной популярностью пользовались и средне-технические учебные заведения (техникумы). Этому явлению есть несколько расхожих объяснений. Одно из них - бурное развитие промышленности и необходимость создания и поддержания технических средств обороны Советского Союза; другое - технократической цивилизации западного типа, которая всё более и более утверждалась на нашей планете, требовался обслуживающий персонал во всё большем и большем количестве. Можно привести ещё целый ряд других обоснований массовости инженерной подготовки населения страны. Все они, без сомнения, в той или иной степени верны, и потому имеют право на жизнь.

Но вот, начиная с горбачёвской эры правления, показатели промышленного производства неуклонно начинают сокращаться. Ну, а с приходом Гайдара великая индустрия страны Советов просто рухнула и к началу XXI столетия от неё осталась лишь бледная тень. И весь многочисленный инженерный корпус страны в одночасье оказался не у дел. Памятуя, что ничего в жизни не происходит случайно, многие мыслители задались вопросом о подспудных причинах этого процесса. И лишь в конце десятилетия свободнорыночной вакханалии был найден ответ на поставленный вопрос.

Живая Земля после долгого великотерпения глупостей человеческих, после того, как отчаялась дождаться от Человека Разумного прозрения в своём амбициозном и закостенелом невежестве, приводящем к необратимости процесса его самоуничтожения с помощью игрушек технического прогресса, дала импульс к саморазрушению техногенной среды обитания, рабом которой стал близорукий и несмышлённый человек. Таким образом, Земля запустила процесс самоочистки своей поверхности от грязи, болезней и опухолей рукотворного характера, подрывающих основы существования планетарной биосферы. В результате этого импульса началось разрушение техногенной цивилизации, неестественной для природы всего живого на планете.

Инженерный состав, образованный вроде бы для создания и поддержания техногеники, оказался в числе первых землян, осознавших всю пагубность и ложность современного развития человеческой цивилизации. Волею судеб оторванный от предмета своей профильной специализации инженерно-технический корпус на системном уровне освоил и гуманитарную сферу жизнедеятельности общества (к слову, гуманитариям освоить техническую область знаний при аналогичных обстоятельствах невозможно по принципиальным причинам). Произошло то самое совмещение гуманитарного и естественнонаучного направлений разделённого когда-то единого знания гармоничной Жизни и восстановление истинного человеческого мировоззрения, которое с древнейших времён культивировалось в среде русичей - наших благословенных предков. В общественной жизни страны носителями концептуальной базы этого актуального для сегодняшних дней мировоззрения, на основе которого только и сможет возродиться Россия, а вслед за ней - и вся мировая цивилизация, выступают Родомыслы - имеющее древние корни сословие, выпестовавшееся в современных условиях из среды людей инженерно-технического труда.

Собственно, Родомыслы уже без всякой раскачки приступили к демонтажу техногеники, стремясь привнести в Систему хаос в целях её саморазрушения, чтобы смягчить катастрофические последствия этого процесса для биосферы Земли. Их деятельность, которую условно можно определить как нравственную ассенизацию сообщества людей, не требует государственной поддержки или общественного признания в качестве необходимого условия её осуществления. Своих целей и задач Родомыслы достигают с помощью чистоты и светоносности своих мыслей. Они сотворяют культуру радости, вкладывая во все происходящие с их участием события частицу своей души, придерживаясь в любом вопросе нравственной позиции, что означает сознательное следование законам космического всеединства. Познавшему сокровенное доподлинно известна вселенская важность такого творения: кажущееся малое имеет значение многого.

И нет сомнения, что именно в среде Родомыслов будут определены и озвучены ориентиры правильного пути дальнейшего развития человечества, способного привести людей к процветанию, как то и было предусмотрено Творцом при сотворении своих детей в обличье Человека.

1.07.2000

ЭЛИТА РОДОМЫСЛОВ

Да будет известно молодым россиянам, что во времена Советского Союза дипломированных инженеров было выпущено из ВУЗов столько, что интеллектуальная прослойка советского общества состояла в основном из технической интеллигенции. Сегодня многие выпускники советских технических ВУЗов, имеющие внушительный опыт реальных инженерных свершений, уже находятся в пенсионном возрасте или приближаются к нему. В современной же России государственные деятели, по недоразумению или, что более соответствует действительности, целенаправленно претворяя в жизнь планы наднациональных сил, фактически исключили из общественной практики потенциал мыслительных возможностей инженеров-ветеранов, несмотря на то, что их знания и опыт приравниваются в соответствии с мировыми стандартам к высочайшим достижениям инженерного образования и практической инженерии. Вопреки нарочито антинациональной политике властей по выдавливанию представителей советской технической интеллигенции на периферию общественной жизни страны и непрекращающимся попыткам нивелировать их мышление до обывательского уровня резервы интеллектуальной мощи старейшин корпуса Родомыслов, высоконравственных людей с инженерным мышлением, сформировавшихся при советском строе, до сих пор остаются настолько колоссальными, что ни одно из других сословий российского общества не может похвастать подобным интеллектуальным богатством.

При этом надо всегда помнить, что талантливым отечественным инженерам претит выезд из России для проживания в других странах мира, поскольку для них неразделимы сама их жизнь, творчество, Родина, семья, друзья, родная природа. Переезжая на жительство за рубеж, лишаясь всего дорогого и значимого для своего душевного равновесия, с чем вырос человек, на чём состоялся как профессионал, инженерный талант русского человека быстро сходит на "нет". Такой человек стремительно блекнет в творческом плане, что вынуждает его переориентироваться на другие виды деятельности ради добывания себе пропитания. Именно поэтому самые талантливые и самобытные инженеры всегда оставались в России, пренебрегая завлекательными предложениями зарубежных коммивояжеров. Не следует также забывать, что русская школа инженерного мастерства - самая плодовитая из всех известных в мире школ. Русские люди способны сотворять интеллектуальные шедевры по самым высоким мировым стандартам качества.

В связи с этим силы духовного возрождения России в первостепенном порядке обязаны задействовать этот национальный интеллектуальный ресурс во благо всех людей, причисляющих себя к культуре Руси Ведической. Патриоты России вот уже который год пытаются определить те движущие силы современного этапа развития страны, которые способны вывести Россию из состояния упадка и разложения, в которое буквально вогнали её неокапиталистические хозяева нашей страны. И только в последние годы стало понятно, что за такое великое дело смело могут взяться старейшины сословия Родомыслов, поскольку их резервы интеллектуального потенциала можно поставить на службу народам России при минимальных на то затратах. При этом от других сословий общества можно рассчитывать разве что на посильную помощь старейшинам Родомыслов в их титанических усилиях по очистке "Авгиевых конюшен", с чем без сомнения можно сравнить работу по спасению земной биосферы. И связано это, прежде всего, с образом мыслей представителей этих сословий, с той или иной степенью ущербности их мышления, которое или погружает их в глубокую абстракцию, абсолютно не связанную с реальной жизнью; или подвигает их к концентрации имеющегося ресурсного потенциала на частных проблемах вне связи с общим; или способствует подчинению общественного личным интересам, перманентно принося объективное в жертву субъективному; или провоцирует на дилетантское решение серьёзных проблем без их глубокой системной проработки, что приводит к поверхностности и прямолинейности принимаемых решений, порождающих больше вопросов, чем ответов; или заставляет индивида скатываться на чисто механистические позиции, когда он исполняет чью-то волю в режиме бесстрастного автомата с опорой исключительно на цифру или приказ, отвергая все факторы, которые невозможно описать в цифровом виде или втиснуть в жёсткие рамки инструкций.

Старейшины Родомыслов - это широко и нетривиально мыслящие люди, у которых сохранилось ясное и объёмное мышление. Эти широко мыслящие люди, имеют за своими плечами серьёзнейшее образование и богатейший опыт практического применения инженерного подхода в различных жизненных ситуациях. Они должны быть объединены в группы "мозгового штурма", перед которыми необходимо ставить жизненноважные для сохранения людьми своего естества задачи с указанием конкретных целей их разрешения. Данные группы, получая исчерпывающую исходную информацию, должны помогать находить пути решения актуальных для человечества проблем, исходя из имеющейся ресурсной базы.

Учитывая состояние здоровья этих заслуженных людей, в частности, повышенную нервную возбудимость, работу групп лучше всего выстраивать в режиме виртуальной телеконференции, по максимуму используя технические средства для решения задач по возрождению природного образа жизни людей. Если процесс операторской работы сложен и тяжёл для ветеранов, которые в большинстве своём слабо владеют технологиями современного компьютерного общения или на которых работа за компьютером часто оказывает отрицательное влияние, то тогда по возможности нужно наладить обеспечение их творческой деятельности операторскими услугами. В крайнем случае следует организовать между ними традиционную почтовую переписку либо задействовать курьеров для обмена письменными материалами. А для наиболее активных, энергичных и коммуникабельных, конечно же, должны быть предусмотрены соответствующие помещения, в которых будет вестись работа "вживую".

В результате деятельности таких групп "мозгового штурма" в короткие сроки будет решен актуальнейший вопрос достижения статус-кво между биологической и кремниевой формами жизни. Сообщество таких групп "мозгового штурма" впоследствии можно было бы преобразовать, к примеру, в Открытый университет инженерного образа мышления. Молодые люди, включаясь в работу той или иной группы, смогли бы нарабатывать навык совместного творчества с самыми блестящими умами отечественной инженерной мысли.

Для проявления же в себе сознания Родомысла инженеру старшего поколения обычно необходим небольшой психологический стимул, состоящий, казалось бы, из ничтожного для неродомыслов прославления его достоинства истинного Инженера. То, что составляет пустой звук для людей, не обладающих инженерным мышлением, для активных или интуитивных Родомыслов может иметь судьбоносное значение. Поэтому, когда уже проявленный к жизни Родомысл рассказывает пока ещё непроявленному собрату о сути и миссии сословия Родомыслов в современном обществе, у последнего происходит как бы включение неких его способностей, до сего момента без дела дремавших внутри его личности.

Помимо всего прочего, Родомыслы являются мыслительными центрами своих родов, направляя, обучая, воспитывая, открывая своим родичам силу человеческой мысли. Соизмеряя свои силы и возможности с течением жизни, Родомыслы на правах старейшин в той или иной степени включатся в работу по прекращению процесса вытеснения биологической формы жизни с планеты. Аккумулируя в себе всю силу исконного человеческого естества, старейшины

Родомыслов станут действенными катализаторами возрождения мощи биосферы Земли.

Естественно, старейшины Родомыслов прекрасно осведомлены о всех сложностях их пути, что помогает им философски относиться к тому, что помимо решения чисто творческих задач эти созидательного плана люди вынуждены постоянно бороться с искусственными препонами осуществлению их миссии. Кто объективно противостоит Родомыслам в их стремлении к установлению гармонии природной жизни, всячески препятствуя привлечению их к активной деятельности? Прежде всего, те, кто, имея в голове набор отрывочных сведений о закономерностях природного развития и поверхностные знания о сути происходящих явлений в биосфере планеты, пытается действовать "на авось" в этой весьма щепетильной области жизни, не осознавая, что их деятельность на самом деле вместо спасения биосферы приводит к её ускоренному уничтожению. Однако воспрепятствовать исполнению миссии Родомысла не так-то просто, тем более, когда Родомысл исполнен всей мощью человеческой силы.

Могущество же старейшин Родомыслов заключено в системности их знаний и чётком соотнесении своих действий с соответствующими знаниями. Их могущество способно взять под контроль ситуацию хаоса, экспортируемого в природные сообщества Земли в результате импульсивных бессистемных деяний стоящих у власти гуманитариев, структурировать процессы, происходящие в биосфере, и наладить стабильное управление ими.

Каждый должен заниматься тем, что ему по уму, по силам, по способностям. И первую скрипку в призванном служении природному сообществу Земли должна играть элита Родомыслов, то есть старейшины этого сословия, каждый из которых с самого рождения уже был проявлен в качестве Родомысла.

23-26.11.2002

Генеральное направление действий Родомыслов

Идея технического воплощения надёжного трудяги, призванного выполнять тяжёлую, грубую, монотонную работу, которая не только не красит человека, но и огрубляет его, не оставляя ему времени и возможностей для занятий по совершенствованию своих личностных и духовных качеств, для развития в себе творческого начала, реализация которого в той или иной предметной области позволяла бы человеку постигать божественное совершенство красоты мира, изначально носила по отношению к человеческому индивиду враждебный характер, являя собой изощрённое средство сущностного подрыва жизнедеятельности человеческого организма. Исходя из осознания завершения в ближайшем будущем необратимого процесса пресечения жизнеспособности людей в результате тотальной технизации их жизненной среды, здравый смысл диктует цивилизованному сообществу Земли в качестве наиболее действенного шага противодействия данной тенденции усекновения рода человеческого предпринять решительные меры по уничтожению всей техники вплоть до последнего её образца.

Однако, как ни прискорбно сознавать сей факт, для землян современной цивилизации совершить такое кардинальное деяние по избавлению себя от технических вериг уже в принципе невозможно, ибо без техники им ныне уже не выжить, поскольку слишком значительную часть общепринятого уклада человеческой жизни теперь выполняют многочисленные по своей специализации технические аппараты. И, кроме того, многие жизненно важные природные способности собственных организмов люди в массе своей уже давно утратили, заблокировав их посредством аппаратов технической подмены тех или иных свойств человеческого естества. При этом изобретательство людьми различных технических устройств не прекращается ни на одну минуту вот уже много веков. Именно по этой причине единовременное уничтожение всей техносферы для цивилизованных землян станет самоубийственным актом, хотя любому здравомыслящему человеку должно быть предельно ясно, что, если никоим образом не вмешиваться в процесс глобальной технизации жизни человечества, пустив его на самотёк, результат будет тот же - полное вымирание людей, уже сейчас в значительной мере превращённых в атавистические придатки интеллектуальных технических систем.

Исходя из сложившегося положения дел, можно с полной ответственностью констатировать, что у землян остаётся крайне мало вариантов спасения самих себя от беспощадной агрессии техногеники. Одним из таких вариантов является трансформация тонкоматериальной природы технических изделий. В этом как раз и состоит миссия Родомыслов, которые в процессе её исполнения попутно меняют заложенные во все технические устройства энтропийные программы уничтожения биологической формы жизни на созидательные программы, призванные помочь биосфере Земли восстановиться и вновь войти в режим устойчивого эволюционного развития. Однако такое развитие событий возможно только при одном условии - человечество, как самая активная и жизнеопределяющая часть земной биосферы, должно безоговорочно поверить в миссию Родомыслов по очищению Земли от скверны техногенного мрака и, следуя за ними путём Добра, Любви и Света, полностью отказаться от технократической идеологии Тьмы.

Если же говорить об упомянутой миссии Родомыслов, то ещё немногим более ста лет назад они имели дело исключительно с механическими техническими устройствами. Собственно, механические изделия в наибольшей степени поддаются "оживлению", не требуя от Родомыслов сверхконцентрации духовных сил. И связано это с тем, что у механических устройств отсутствуют функционирующие на электронном принципе элементы, являющиеся по своей природе источниками генерации электромагнитных полей, оказывающих угнетающее влияние на биоритмы человеческого организма, а также негативно воздействующих непосредственно на нейроны головного мозга человека, что особенно опасно, поскольку приводит к нарушению его сознательной деятельности.

В отличие от проистекающей в данный период времени эпохи суперсложных технических агрегатов с электронным управлением в стародавние времена сословие Родомыслов было неизмеримо более многочисленным, а ритуалы по "оживлению" техники проводились даже совсем юными Родомыслами, едва только осознавшими свою жизненную миссию. Массированное же внедрение в человеческую среду технических изделий, принцип действия которых основан на электромагнетизме, резко усилило требование к духовной зрелости Родомыслов, ибо в современных условиях без высочайшего потенциала духовности ни один Родомысл не способен противостоять процессу техногенного изничтожения жизненных основ биологических существ в мире Земли, и в частности - глубинной технизации организма самого человека. Более того, неопытные, духовно незрелые люди, в которых только начал проявляться Родомысл, легко могут попасть в пожизненную кабалу к технике, поскольку ещё не достигли того уровня потенциала Силы духа, который необходим для создания надёжной защиты от всего того спектра энергоинформационного воздействия на высшую нервную систему их организмов в результате электромагнитных излучений различных образцов техники.

С изобретением же электронно-вычислительных машин Родомыслам был брошен ещё более жёсткий вызов, ибо это событие стало той самой поворотной вехой, которая ознаменовала наступление эпохи отчётливого проявления планетарной техносферой признаков собственного интеллекта, принципиальные основы которого в корне отличны от логико-смыслового содержания разумных посылов людей, стоявших у истоков разработки теоретических основ компьютеров, компьютеризированных агрегатов и программного обеспечения. Кардинальное различие между земным биоразумом и искусственным интеллектом - планетарной проекцией внеземного технического разума - стало ещё более очевидным после появления глобальных телематических сетей, позволивших техносфере совершить качественный скачок в части своей интеллектуальной самоорганизации, превратившейся в результате в единую планетарную самообучающуюся систему. Это новое качественное состояние интеллектуализированной техносферы позволило ей вплотную подступить к саморазвитию и самовоспроизводству, проектируя и производя по своему усмотрению технические изделия с использованием формализованных процедур алгоритмов мыслительной деятельности людей и баз знаний, сформированных на основе практического опыта человеческой цивилизации. То есть в настоящее время техносфера Земли эволюционизирует по своей собственной программе, принуждая людей к интеллектуальному рабству в интересах упрочения господства на планете внеземного технического разума.

Другим направлением деятельности уже активно действующего в недрах телематических сетей искусственного интеллекта общепланетарной техносферы является его эффективный контроль над святая святых биологической формы жизни - над процессом оплодотворения, внутриутробного развития и рождения особей как самих людей, так и любых других представителей биосферы Земли. Другими словами, в начале XXI века человечество столкнулось с открытой угрозой своему дальнейшему существованию на родной планете, причём опасность этой угрозы впервые за всё время истории человечества настолько велика, что его будущее, равно как в целом будущее всей биосферы Земли, весьма туманно, вплоть до того, что этого будущего у органических форм земной жизни может уже и совсем не быть, поскольку техносфера способна теперь влиять на численность людей, на их этнический и сословный состав, на качество биологического материала, в том числе - на способности и свойства человеческого организма, а главное - в любой момент внеземной технический разум может принять решение о глобальном искоренении органической формы жизни на планете. И при этом у человечества сегодня нет реальной возможности устранить нависшую над ним угрозу, повлияв на создавшуюся ситуацию традиционными методами самозащиты. По собственному недоразумению люди сознательно предоставили внеземному техническому разуму неограниченные возможности по установлению тотального контроля над процессами всей своей жизнедеятельности, в результате чего техногеника наших дней произвольно вмешивается в человеческую жизнь настолько глубоко, что теперь машинам позволено управлять даже генетикой человеческих особей. И, очевидно, недалёк тот час, когда машины будут конструировать людей по своему собственному усмотрению, чем ещё недавно занимались сами люди в отношении машин.

Противодействовать практике генетического реконструирования человеческих особей обычными способами люди не в состоянии ещё и по причине её внутреннего характера, поскольку подобные дела находятся в ведении тех технических устройств, которые воспринимаются современным человеком фактически в качестве неотъемлемой части его собственного организма. И отказаться от подобных организмических технических изделий для человека сегодняшних дней равносильно ампутации какого-нибудь физиологического органа его биоплоти. То есть современное человечество попало в ловушку, из которой нет выхода, если и далее оставаться в русле ортодоксального подхода к формированию и сохранению образа жизни людей в соответствии с устоявшимися нормами технократической цивилизованности.

Виртуальный искусственный интеллект компьютеризированной техносферы нашей планеты, порождённый и окрепший в глобальных телематических социальных сетях под управлением самого различного сетевого системного программного обеспечения, уже научился управлять не только различными производствами, но и непосредственно человеческими сообществами. При этом такое управление носит комплексный характер, что предполагает не только простые физические перемещения человеческих масс по определенной территории для осуществления определённых действий в соответствии с той или иной мотивацией, но и такие высокотехнологичные мероприятия, как, например, трансформацию на клеточном уровне организма человека для выполнения каких-либо специфических задач. Естественно, внеземной технический разум, альтернативный по своим принципам функционирования биологическому, не заинтересован в развитии, а значит - в усилении человека как носителя биоразума. Поэтому надо отдавать себе пусть и нелицеприятный отчёт в том, что, если со стороны искусственного интеллекта земной техносферы производится та или иная трансформация человеческого организма, то направлена она исключительно в сторону регрессии, в результате чего человек низводится до уровня неразумного раба или, в лучшем случае, полураба в целях обслуживания различных технических систем.

Активно используя имеющуюся у него возможность трансформации человека до существа с заданными параметрами, то есть фактически применяя технологию преобразования человека в биоробота, внеземной технический разум всё капитальнее укореняется на планете в виде искусственного интеллекта земной техносферы, запустив в глобальном масштабе механизм безусловной ликвидации человечества, по итогам работы которого в недалёком будущем даже в самых недоступных частях земного шара не должно остаться ни одной человеческой особи. При этом надо чётко понимать, что всесторонняя технизация биосферы и, в частности, жизненного пространства человечества - это пролог запланированного внеземным техническим разумом абсолютного господства кремниевой формы жизни при полном исчезновении с лица Земли биологической формы жизни.

С учётом всего сказанного становится понятным генеральное направление действий Родомыслов: в настоящее время и в ближайшей перспективе им предстоят серьёзные поединки с искусственным интеллектом техносферы в среде телематических сетей, имея стратегической целью принудительное изменение функциональной основы глобальных компьютеризированных систем. Минимальные же задачи, стоящие перед этими Воинами Света, состоят в максимальном ограничении предметной области проявления искусственного интеллекта в биосфере Земли, в ограничении по мере возможного сферы его контроля и управления человеческими сообществами и хотя бы в частичном демонтаже техносферы планеты. И поэтому, в связи с особой важностью целей и задач Родомыслов, от выполнения которых зависит судьба всех без исключения землян, сегодня деятельность каждого действующего Родомысла попадает в разряд особой важности, что предполагает всемерную поддержку их действий со стороны всех слоёв человеческого общества.

Реальность же обыденной жизни людей текущего периода времени такова, что в то время, как большинство жителей планеты наслаждается иллюзорным комфортом своего существования под эгидой техносферы, дружины Родомыслов во всеоружии ведического образа мыслей повсеместно ведут праведную духовную сечу с агрессивной кремниевой формой жизни. При этом духовная мощь Родомыслов возрастает по мере осознанного пробуждения биоразума природных людей, усыплённого представителями пятой колонны внеземного технического разума. Каждый из таких вновь пробуждённых увеличивает шансы на безоговорочную победу Родомыслов над техногеникой, беспощадной по отношению к любым жизненным проявлениям биологических существ, то есть воспрявшие ото сна разума напрямую способствуют сохранению и усилению природной силы биосферы Земли. Тем самым биологическая форма жизни являет собой ту самую жизнетворную мощь, которая способна заставить кремниевую форму жизни немедленно пойти на паритетное сотрудничество с биосферой. В дальнейшем же по закону преимущества прав жизнеспособной коренной формы жизни по отношению к пришлой форме жизни в части сохранения за первой космического пространства, в котором изначально возникла и развилась данная коренная форма жизни, кремниевая форма жизни покинет пространство Земли, поскольку вынуждена будет отказаться от его захвата в пользу биологической формы жизни по причине полномасштабного по космическим меркам восстановления жизненной основы биосферы

Земли, как это и было на Земле до вторжения в её пределы инородного технического разума.

27.07.2010

ПРЕОБРАЖЕНИЕ ТЕХНИКИ

По принципам деятельности Родомыслов можно сравнить с мастерами паркура. Известно, что это новомодное увлечение городской молодёжи представляет собой безостановочное движение человека вперёд по урбанистическому ландшафту, при котором он не замечает препятствий, просто не существующих для его психики. Трассер, двигаясь фактически бегом, не осознаёт границ препятствий (к примеру, каких-либо строений или междомовых пролётов), когда он несётся по крышам домов, воспринимая всё впереди себя как неразрывное пространство пути. Число молодых людей, мастерски владеющих паркуром, уже исчисляется сотнями тысяч человек, причём профессиональные спецназовцы считают таких трассеров особыми людьми, которым по рождению дано то, что в спецназе нарабатывается годами упорных тренировок. Так и Родомыслы, двигаясь вперёд к своей цели по лабиринтам научно-технического прогресса, подобно трассерам паркура не замечают всей сложности техногеники, её многоуровненности, различных иезуитских по своей коварности западней и ловушек, не говоря уже о патогенных излучениях практически всех образцов техники, работающей на электромагнитной основе, тем более - под электронным управлением

Из длинного списка глобальных угроз существованию современной человеческой цивилизации Родомыслы выбрали, сконцентрировавшись на ней, проблему трансформации биологической формы жизни в кремниевую, вот уже три века как вступившую в финальную стадию и проистекающую сегодня во всё ускоряющемся режиме. Сам процесс поглощения людей машинным интеллектом проходит через несколько стадий: человек - человеко-машинный комплекс - андроид - машина. В соответствии с этим процессом трансформируется и доминантная форма жизни на планете: органическая - органно-кремниевая - кремний-органическая - кремниевая.

Массовая имплантация разнообразных высокотехнологичных устройств под управлением самых совершенных процессоров в человеческий организм, сращивание человеческих нейронов с наночипами, использующими теплоту организма реципиента в качестве источника питания, знаменует начало качественно иной фазы такой трансформации. Именно по этой причине Родомыслами и выбрана данная проблема, как наиболее опасная для судьбы человечества. В то время как в средние века луддиты, борясь с засильем техники на фабриках, грубо разрушали станки и оборудование, Родомыслы решают данную проблему самым эффективным способом - посредством преображения техногеники: стяжая дух небесный, они преобразуют тонкоматериальную природу технических изделий, ставя их тем самым на службу Свету.

Все произведённые на производстве технические изделия изначально мертвы, правда, в некоторые изделия представителями воинства тёмных закладывается определённая программа, характеризующаяся отрицательным воздействием на человека или нацеленная на снятие с него энергии жизни. В целом же, большая часть технотроники создаётся с отрицательными по отношению к человечеству целями инволюционного плана. Родомысл по своей сущности сверхчувствителен к тому току энергии, которая исходит от конкретного технического устройства, точно определяя характер и цель заложенной в нем программы. Работая с тем или иным техническим агрегатом, он одухотворяет его силой Света, стирая наведённую на него программу разрушения, изгоняя из него (по аналогии с соответствующими религиозными обрядами) демонические сущности инферны. Фактически же происходит "оживление" данного образца техники с выведением его из пространства хаоса и введением в поток жизни.

При работе с техникой Родомыслы проявляют в окружающем пространстве потоки вселенской любви, в результате чего в энергополе технического изделия формируется потенциал живительных сил, нацеленный на созидание светоносных форм жизни. Образец техники после подобного преобразования его тонкоматериальной структуры начинает положительно воздействовать на человека, помогая ему в его делах или стимулируя открытие в нём новых способностей его личности.

В человеческом сообществе соответствующие мыслеформы Родомыслов придают кардинально новый статус преображённой технике, которая с момента своего преображения включается в единый эволюционный поток человечества. К слову сказать, старые мастера, которые, как говорится, с техникой на "ты", воспринимают технические устройства, с которыми работают, в качестве живых существ, оживлённых ими и с тех пор на равных сотрудничающих с человеком.

Следует отметить очень важное свойство преображённой Родомыслами техники. Такая техника уже никогда не может быть возвращена в исходное состояние службы силам разрушения и инволюции. Исполненная Света она в преображённом состоянии работает исключительно на добро и благо людей, помогая им творить и созидать мир радости и счастья. Прекрасно зная это, хозяева техногеники стараются выявить такие преображённые образцы техники, чтобы физически уничтожить их, дабы не дать возможности людям использовать эту технику для восстановления и развития биосферы Земли. Но люди горой стоят за такие технические устройства, сохраняя их, ремонтируя и ухаживая за ними. А в качестве благодарности за такую заботу о ней преображённая техника помогает людям и Земле в целом в их самоочищении от наведённой на них скверны.

12.10.2001

Мастерская Родомысла

Глубинную сущность методов обращения Родомыслов с техникой невозможно понять с позиции логического мышления и, тем более, пооперационно описать всё то, что они при этом свершают в отношении технических объектов, поскольку подобная деятельность в принципе не поддаётся осмыслению в ключе причинно-следственных связей. Можно смело утверждать, что деятельность Родомыслов иррациональна в своей основе, из чего вытекает, что мастерскую Родомысла можно описать исключительно качественными зарисовками, суть которых постигается не умом, а духовным существом человека.

Очень важно понимать, что Родомыслы провиденциальными силами Космоса наделяются способностью отстраивать жизненные центры своих организмов от воздействия на них электромагнитных излучений с любыми спектральными составляющими, генерируемых какими-либо техническими аппаратами.

Тем самым их сознание сохраняется в неприкосновенности даже при целевом применении против них технических средств манипуляции мышлением и поведенческими реакциями человеческих масс. Помимо этого источники их духовной силы так же не поддаются блокировке при направленном облучении средствами специальной аппаратуры, что позволяет Родомыслам достигать высокой эффективности в части изменения спектральных характеристик электромагнитных колебаний отрабатываемых ими технических объектов.

Однако следует отметить, что далеко не все образцы техники после подобной трансформации их Родомыслами способны продолжать функционирование в рамках той параметрической системы, которая была заложена в них при их разработке и производстве, поскольку попросту выходят из строя с принципиальной невозможностью восстановления их работоспособности. Подобный процесс весьма наглядно можно наблюдать в тех случаях, когда в присутствии ещё не осознавшего своего жизненного предназначения Родомысла, у которого, тем не менее, уже спонтанно проявляется способность кардинально изменять режимы функционирования объектов техносферы, аппаратура выходит на запредельные режимы работы, ломается, перегорает или по непонятной причине буквально на глазах входит в состояние полного саморазрушения. При этом у зрелого, сознательно действующего Родомысла процент подобных ситуаций в отношении технических устройств крайне низок, поскольку, чем выше его личное мастерство, тем с большим числом различных образцов техники он находит "общий язык".

Частота духовных вибраций Родомысла априори неизмеримо выше рабочей частоты большинства технических устройств. Уровню частотных вибраций Родомысла могут соответствовать разве что специфические технические средства, целенаправленно создаваемые инфернальными силами для порабощения людей посредством торможения мыслительной деятельности головного мозга на фоне внушения им рабских стереотипов поведения при облучении их электромагнитными волнами со специально подобранными спектральными характеристиками. К слову сказать, работа с таким типом устройств требует от Родомысла особых знаний и навыков, поскольку подобные образцы техники в принципе не поддаются преобразованию. Для пресечения губительных воздействия таких негативно заряженных частей техносферы на биосферу Земли у Родомыслов остаётся всего лишь единственная возможность, заключающаяся в полномасштабном выведении их из строя при жёстком взламывании защитного поля этих носителей инфернальных программ всеобщего разрушения. Грамотные Родомыслы не оставляют ни единственного шанса для последующего восстановления функционирования подобных агрегатов сатанинской воли.

Благодаря широкому диапазону своих духовных вибраций, спектр которого включает в себя волновые колебания от уровня низких частот плотной материи вплоть до невообразимо высоких частот божественной сферы тонкого мира, Родомыслы наделены способностью блокировать разнообразные технические агрегаты и системы, пресекая любые управляющие воздействия на них как со стороны искусственного интеллекта земной техносферы, так и непосредственно со стороны внеземного технического разума, тем самым выводя эти частички техносферы из-под эгиды технократического эгрегора. Именно в таких деяниях и состоит суть подготовительного этапа деятельности Родомыслов по "оживлению" техники.

После подобной предварительной зачистки технического объекта, в результате чего происходит обрыв шлейфа управления реализацией античеловеческих программ, исполнение которых внеземной технический разум вменяет земной техносфере по аналогии с наведёнными токами при направленном электромагнитном облучении, наступает основной этап работы Родомысла с данным техническим образцом. На этом этапе Родомысл, пропуская через себя без какого-либо искажения светоносные духовные вибрации тонкого мира, относящиеся к запредельному для земных условий частотному диапазону космических излучений, направляет их силой своего духовного разума на конкретный технический объект. В результате такого священнодействия Родомысл преобразует грубоматериальную сущность данного технического устройства в духоматериальную субстанцию посредством повышения уровня его колебаний до запредельной частоты вибраций космического излучения, модулированных собственной низкочастотной составляющей данного технического образца или системы. Внешне человеческий глаз не отличит преобразованное техническое устройство от существовавшего ранее. Однако после подобной процедуры происходит его сущностное изменение, и в тонкоматериальном аспекте это уже принципиально другое образование, которому присущи принципы и свойства живого существа, поскольку частота волновых вибраций его духоматериальной основы поднимается до вибрационного уровня растительного мира земной биосферы.

К слову говоря, современные измерительные средства не обладают возможностью регистрации свойств духоматерии, хотя человеческий организм, как совершеннейшее творение Вселенной, на подсознательном уровне без особых проблем взаимодействует с духоматерией в обыденном режиме. Преобразованный подобным образом в виртуальной мастерской Родомысла технический объект начинает функционировать по законам жизнепроявления живого существа, включаясь в качестве органической составляющей в пространство живой Земли. С этого момента подобный образец техногеники, до духовной обработки его Родомыслом обладавшим низковибрационным уровнем техносферного стандарта, обретает необходимые качества для возможного вместилища в него светоносных существ тонкого мира, высокие духовные эманации которых войдут в состояние гармонии с его духоматериальной природой, что принципиально невозможно в случае с ещё непреобразованными частями техносферы.

Таким образом, искусственные технические объекты, при промышленном производстве которых полностью исключается наделение их духовной составляющей мира живой природы, что позволяет техническому разуму оснащать их вероломными программами вытеснения биологической формы жизни с планеты, "оживляются" Родомыслами ради включения их в те созидательные процессы, которые развиваются в биосфере Земли в соответствии с объективными законами Космоса. Естественно, супротивный людям технический разум всеми силами с использованием любых подходящих возможностей препятствует такому развитию событий, поскольку в результате деятельности Родомыслов безвозвратно утрачивает контроль над постоянно увеличивающейся частью своей материальной базы, которую активно начинает использовать земная биосфера в целях своего собственного развития. По этой причине Родомыслам при осуществлении своей миссии приходится переносить различной степени тяготы, в целом ряде случаев приводящих к серьёзному ущербу их здоровья. Так, в крайне сложных условиях приходится действовать тем Родомыслам, на долю которых выпадают особо опасные единоборства с распределёнными информационно-вычислительными системами, органической частью которых являются телесети различного назначения, ибо подобная деятельность предполагает вторжение в святая святых техносферы - в её мозг, если проводить аналогию с человеческим организмом, то есть в ту часть техносферы, где физически сформирован и реально функционирует её искусственный интеллект. Именно на этом направлении и происходит самая жестокая и бескомпромиссная битва Родомыслов с внеземным техническим разумом - прародителем агрессивного для всех биологических существ Земли искусственного интеллекта планетарной техносферы.

Не следует думать, что в борьбе за приоритет на Земле биологического начала жизни Родомыслы лишены помощи других людей. Вполне обыкновенные люди, не принадлежащие к сословию Родомыслов, в процессе своей обыденной жизни привязываясь к каким-либо техническим устройствам, неосознанно меняют своими чувствами природу этих устройств мира техносферы. Более того, в случае достаточно сильной привязанности человека к конкретному техническому изделию, что часто случается в процессе его постоянной работы с техническими агрегатами на рабочем месте или в бытовых условиях, спонтанно создаваемые таким человеком мыслеобразы, относящиеся к данному устройству, становятся своеобразной аурой этой частицы техносферы.

Если подобные человеческие мыслеобразы имеют созидательное наполнение, несут в себе идею добра и исполнены любви к окружающему миру, то миссия Родомысла при взаимодействии с такими образцами техники упрощается кардинальным образом. Если же эти мыслеобразы исполнены злобой и ненавистью ко всему живому, то при осуществлении своей миссии в отношении подобного технического агрегата Родомысл вынужден концентрировать до предельных значений свои духовные силы в целях устранения эманаций тёмной жизнененавистнической энергии, которой люди тьмы насыщают такие технические устройства, заставляя их исполнять роль монстров по разрушению биологического мира. Подвижничество Родомыслов не позволяет этим пособникам инферны привести биосферу Земли в состояние всеобщей дисгармонии, в результате чего баланс жизнепроявления на нашей планете неуклонно смещается в пользу биологической формы жизни.

5.09-6.10.2010

НЕГЭНТРОПИЯ ДЕЯНИЙ РОДОМЫСЛОВ

Силы тьмы, стремящиеся полностью подчинить себе Землю, активно переустраивают геофизику нашей планеты, имея целью создание глобальной среды со свойствами, соответствующими той параметрической системе, в пределах которой наиболее оптимально существование инопланетной формы жизни, посланниками которой тёмные являются на нашей планете. При этом параметры этой системы принципиально отличаются от существующих на Земле условий жизни. Ради достижения своей гроссцели тёмные используют механизм максимально возможного повышения энтропии на всех направлениях жизнедеятельности человечества, для чего в сообществах людей инициируется стратегия разрывов культурных традиций и разбалансировки оптимальной ритмичности межпоколенческой эстафеты передачи мировоззренческих и профессиональных знаний. С помощью данной стратегии силам тьмы удалось установить к настоящему времени свою фактическую гегемонию над большинством территорий и народов мира.

Родомыслы, последние из современного поколения русичей, которые смогли вырваться из той незримой магической темницы, на заточение в которую наших современников обрек внеземной разум кремниевой формы жизни, разгадали эту разрушительную для людей Земли тенденциозную стратегию инопланетных сил, которая сегодня уже открыто проявляется повсеместно на земном шаре, и с особенным напором - в России, как последнем хранилище исконно ведических знаний. Эти знания ведической древности крайне опасны для сил тьмы, поскольку с помощью них наши божественные предки сегодня говорят через посредство Родомыслов с наследниками их величайших достижений вселенской значимости. В этих знаниях, в частности, содержатся все необходимые сведения о тех деяниях, которые безотлагательно требуется свершить нынешним жителям планеты ради сохранения её биосферы и устранения техногенной агрессии на основы биологической формы жизни Земли, а также для устроения на всём земном шаре гармонии жизни всех исконных обитателей нашей благословенной планеты.

В связи с этим, в результате целенаправленного вытеснения Родомыслов из структур управления технической политикой государственного или корпоративного уровня силами тьмы, использующими ради своих целей резкое падение разумности современных человеческих масс, сегодня ответственными за принятие важнейших технических решений, многие из которых в буквальном смысле определяют судьбу едва ли не каждого землянина, оказались люди с гуманитарным образом мышления, которым присуще вопиющее непонимание теоретических основ функционирования техносферы, что сплошь и рядом приводит к серьёзным техногенным катастрофам. Гуманитарии не в состоянии по существу разобраться даже с основными принципами управления этой антагонистичной для организма землян техногенной средой, в настоящее время фактически уже подчинившей себе человеческий мир, доминируя в качестве безальтернативного инструментария практически во всех сферах жизнедеятельности человека. В ситуации, когда гуманитарии, стоящие у кормила власти в большинстве стран мира, утратили контроль и управление даже над отдельными частями общеземной техносферы, распределённой по территориям всех континентов, веское слово Родомыслов ещё способно вывести человечество из нескончаемой череды захлестнувших его техногенных аварий, зачастую, мирового масштаба. Кроме Родомыслов, обладающих необходимым уровнем духоматериальных знаний, никто более не в состоянии совладать с техносферой сегодняшних дней, усложнённой сверх всяких мыслимых пределов и всё более переходящей на функционирование по неизвестным земной науке принципам.

Именно поэтому за Родомыслами, владеющими методологией обращения к ведическим знаниям предков для проявления в своём сознании мыслеобразов, необходимых как для отпора силам тьмы, так и для созидания гармоничной жизни Родостава сегодняшних дней, ведётся неусыпное наблюдение. На них производятся самые разнообразные воздействия, дабы максимально усложнить им жизнь, прежде всего, на бытовом плане. Такая тактика сил тьмы очень эффективна, поскольку вынуждает Родомыслов отвлекать свои силы от защитной и созидательной деятельности во благо людей и самой планеты ради необходимости своего физического выживания посреди чумового пира современников с затемнённым сознанием.

Степень эффективности деятельности Родомыслов, этих светоносных людей нашего времени, таким образом, зависит от степени осознания обществом их миссии во благо людей. Если они станут для общества изгоями не от мира сего, то гибель самого этого общества не за горами. Если же общество будет духовно подготовлено к приходу в него Родомыслов, им будет оказаны максимальное общественное доверие и поддержка, и тогда это общество, среди которого живут и осуществляют свою благую деятельность Родомыслы, будет процветать. Одно нужно понимать достаточно хорошо: среди индивидуумов, полностью вставших на службу тёмным, Родомыслам делать нечего, поскольку это гиблое общество потерянных для эволюции человекоподобных особей.

При этом сами Родомыслы никому не навязывают своё понимание всего происходящего на планете, они способны исполнять предначертанное им и в условиях уединённого отшельничества, поскольку по своим убеждениям и образу жизни являются аскетами.

12.07.2010

НАНОВЫЗОВ БИОСФЕРЕ ЗЕМЛИ

Миссия Родомыслов включает в себя решение и такой неоднозначно понимаемой людьми задачи, как противодействие агрессии техносферы, резко усилившей свой наступательный пыл в отношении биологической формы жизни благодаря появлению в земном мире микроскопических технических устройств, что позволило техносфере атаковывать биосферу на молекулярном уровне. Люди говорят, что дорога в ад вымощена благими намерениями, что в полной мере иллюстрируется фактом массированного применения блестящих инженерных разработок в области наноразмерных объектов в качестве средств управления и регуляции жизненных процессов на молекулярном уровне, что стало зловещим вызовом самому факту существования органической формы жизни на нашей планете. Со стороны человеческого сообщества реальную возможность вмешиваться в эту невидимую, надёжно сокрытую за частоколом ложных знаний от внимания непосвящённых битву двух форм жизни - биологической и кремниевой - имеет крайне ограниченный круг узких специалистов-учёных. Но, как это ни печально для судеб человечества, их деятельность по данному направлению всецело контролируется и управляется инопланетным техническим разумом. Простые же люди в массе своей практически ничего не знают об этой нановойне, перманентно ведущейся в жизненном пространстве биосферы Земли, в том числе и непосредственно в человеческих организмах. И только несгибаемая дружина воинов из сословия Родомыслов, ведающих сокровенные тайны вселенского масштаба и при этом, как правило, абсолютно безвестных для людей обывательского склада ума, ведёт священную битву во имя безусловной победы органической формы жизни над вероломно вторгшейся на планету чужеродной техногеникой.

Эта бескомпромиссная битва двух взаимоисключающих жизненных начал зачастую принимает весьма экзотический окрас, вплоть до навязчивой апелляции к начавшемуся свершению предсказаний древних трактатов. Так, к примеру, в связи с библейскими пророчествами о скором захвате мировой власти Зверем, призванным подготовить приход Диавола на престол общеземного владычества, в обществе активно муссируется тема печати Сатаны, которой будут помечены все земляне, присягнувшие ему. И каких только гипотетических измышлений не выдвигается по этому поводу! Перечислять их не имеет никакого смысла, ввиду их многочисленности и, как правило, запредельной экзотичности. Новое же звучание дискуссии по этому вопросу придано последними достижениями науки и техники, суть которых состоит в свершившемся за последние годы качественном интеллектуальном прорыве в область нанотехнологий, что автоматически отметает многие версии о технической реализации "печати Диавола". В связи с этим, появляющиеся в печати информационные сообщения об успешных разработках компьютеров на молекулярном уровне позволяют предположить, что посредством нанотехнологий задача технической реализации "печати Диавола" на сегодняшний день решена полностью и окончательно.

Не секрет, что в настоящее время на высокотехнологичных производственных площадках наиболее развитых в научно-техническом отношении стран мирового сообщества наций запущено масштабное производство нанороботов самого различного назначения, представляющих собой адаптивные самообучающиеся аппараты. При этом решена трудноразрешимая ещё в недавнем прошлом задача инвольтирования их в организм человека, что с помощью современных технологий производится во вполне обыденном режиме функционирования организма, к примеру, при вдыхании воздуха, в котором предварительно распыляются такие нанороботы, или через посредство продуктов питания, насыщенных этими наноустройствами. Вся эта управляемая извне армада технически совершенных интеллектуальных наноприборов, собственно, и представляет собой ту самую библейскую "печать Диавола", которой уже начали проштамповываться жители планеты вне зависимости от их на то желания или нежелания.

В организмах насильственно или добровольно присягнувших Диаволу людей нанороботы призваны выполнять функции комплексного контроля за протекающими в их организмах процессами физиологического функционирования и идентификации любых нестандартных отклонений в его жизнедеятельности. Преимущественным же направлением функциональных обязанностей нанороботов является их опосредованное воздействие на интеллектуальную деятельность человека, когда любые крамольные с точки зрения власть предержащих мысли должны оперативно выявляться и корректироваться, для чего не возбраняется нанесение либо частичного, либо несовместимого с жизнью ущерба здоровью какого-нибудь строптивого вольнодумца. В результате противодействующие установлению власти Диавола люди получили в лице нанороботов труднолокализуемого вездесущего противника, воевать с которым крайне сложно, поскольку он действует непосредственно внутри человеческих организмов.

Для укрощения личностей, по мнению служек Диавола девиантных по сравнению с политкорректным общественным поведением благонамеренных граждан, нанотехнологии позволили отработать методы управления функционированием как всего человеческого организма в целом, так и отдельных его органов. В частности, с помощью подобных технологий инфернальные особи осуществляют эффективное управление сознанием людей, используя появившуюся теперь реальную возможность непосредственного влияния на нейроны головного мозга посредством регулирования их активности вплоть до полной блокировки мыслительного аппарата человека.

В этом случае нанороботы, находящиеся в человеческом организме, под влиянием внешнего управляющего воздействия сосредотачиваются в артериях головного мозга, где они настраиваются на уникальную частоту излучений мозга конкретного человека для трансляции на этой частоте определённой информации, что перестраивает мышление данного человека, заставляя его мыслить и действовать, к примеру, по аналогии с ревностным сторонником скорейшего установления власти Диавола. Близким людям такого человека трудно понять, почему с ним произошла такая необъяснимая с позиции здравого смысла метаморфоза - вчера он мыслил и действовал в одном ключе, а сегодня вдруг неожиданно стал размышлять и поступать кардинально иным образом, полностью отвергая свои вчерашние убеждения. Например, в результате запрограммированных действий нанороботов серьёзный политический деятель с выдающимися аналитическими способностями может вполне серьёзно начать рассуждать категориями ребёнка детсадовского возраста. При этом исследования его мозга не выявляют каких-либо существенных отклонений от нормальной жизнедеятельности полностью здорового на голову человека. И, как правило, в подобных случаях на несчастного навешивается ярлык шизофреника с последующей изоляцией его от общества, что однозначно приводит к прекращению его профессиональной деятельности как политика. Примерно таким способом из активной общественной жизни можно выключить любого человека, которому открыта информация обо всех тех негативных процессах, что реально происходят в жизни биосферы, и о той смертельной опасности, которая нависла над всеми живыми существами нашей планеты.

Кроме всего прочего, с помощью подобных нанотехнологий у любого оппозиционера существующему на планете положению дел без особых проблем в любой момент можно вызвать приступ мигрени, а то и спровоцировать полномасштабный инсульт или инфаркт. Активируя соответствующим образом накопившиеся в организме нанороботы, распределённую агрегацию которых следует воспринимать в качестве одного из типов управляющей информационно-вычислительной системы, внеземной технический разум с помощью этих наночипизированных устройств дистанционно манипулирует процессами жизнедеятельности организмов людей. Помимо этого нанороботы в соответствии с командами инопланетного разума способны изменять по заданной программе и физиологию человека, используя для этого методы волновой генетики, в результате чего из людей выращиваются анатомически специализированные рабы с заданными свойствами их принудительно трансформированных организмов для использования в качестве обслуживающего персонала техносферы.

Античеловеческими супостатами нанороботы могут быть применены и в качестве нового вида вирусов при полном бессилии защитных барьеров организмов людей воспрепятствовать проникновению этих микроскопических устройств в кровь или в какой-либо орган, поскольку из-за их неорганической природы иммунная система организма не вырабатывает противодействующие вирусным атакам антитела. Привычные же способы борьбы с вирусной инфекцией посредством прививок или вакцин абсолютно бесполезны в случае применения технических аналогов органических вирусов, изготовленных с применением новейших нанотехнологий. Примером такого рода использования нанороботов служит безудержно распространяющаяся в западном цивилизованном мире болезнь Моргеллонов.

В связи со всеми подобными кричащими фактами воздействия на землян продуктов нанотехнологий каждому мыслящему человеку пора отдавать себе ясный отчёт, что классическое биологическое оружие фактически уступает своё место нанооружию, принципы действия которого более эффективны, чем в случае применения биологических вирусов. И это при том, что само по себе нанооружие значительно менее опасно для окружающей среды, поскольку в зоне его действия не возникает никаких эпидемий или пандемий. Можно сказать, что нанооружие действует чрезвычайно избирательно, поскольку его поражающий эффект уникален для того или иного человека.

В целом же, вариантов вмешательства нанороботов в жизнедеятельность организма человека с последующим развитием тех или иных патогенных явлений - великое множество. Однако необходимо отметить одну общую для всех подобных случаев деталь - в результате применения таких технологий люди помимо своей воли превращаются в стопроцентно управляемых андроидов. Античеловеческие силы, вооружившие техносферу нанороботами, относятся к людям как к лабораторным мушкам-дрозофилам, и поэтому данный процесс протекает поступательно и неотвратимо в скрытом режиме, а жертв подобной наноагрессии никто не предупреждает о ней и не спрашивает согласия на их трансформацию в машинизированные существа.

Указанные нанотехнологии, включая технологию имитации или подмены сознания человека, работают настолько филигранно по отношению к неподготовленному человеку, что с его стороны почти невозможно противодействовать их применению против него. Поскольку как внешнему окружению ничего не подозревающего объекта подобного воздействия, так и самому такому индивиду трудно зафиксировать момент начала работы по изменению его сознания, то даже если объект воздействия и успеет понять, что в его мозгу началась работа имитационных наноустройств, сделать что-либо для противодействия этому процессу он вряд ли что сможет без особой подготовки. Такой подготовкой обладают Родомыслы, однако при этом надо отметить, что наряду с ними отключать внешние программы управления нанороботами и выводить их из своего организма способны и другие люди высокого духа, хорошо осознающие всю опасность нахождения таких устройств в человеческом организме и владеющие методами перехвата управления техническими агрегатами, в частности теми нанороботами, что проникли в их собственные организмы. Таким образом, принципиально необходимым условием противодействия наноагрессии техносферы является высота духовного развития человека, подвергающегося атаке нанороботов. Пренебрежение к состоянию своего духовного потенциала ввергает человека в пучину технократического рабства, из которого при применении против него современных нанотехнологий выбраться ему уже не представляется возможным.

Таким образом, в настоящее время глубина и масштабы нановоздействия на организм человека настолько значительны по своим последствиям, что пресловутое клонирование по сравнению с ним - всего лишь детские забавы. Поскольку по аналогии с тяжёлыми металлами нанороботы, накапливаясь в организме духовно малоразвитых людей, уже не выводятся из него, человеческий организм начинает функционировать как некое новое кремний-органическое существо, в котором всё более и более угнетается деятельность биоплоти в пользу неорганики.

30.07.2010

ТЕЛЕМАТИЧЕСКАЯ УДАВКА ЧЕЛОВЕЧЕСКОГО ЕСТЕСТВА

Цивилизованный мир наших дней буквально утонул в пучине телематики. Такие телекоммуникационные сети с развитым сетевым программным обеспечением, как, к примеру, Internet или Fidonet, опутали всё пространство человеческого бытия. Это стало возможным благодаря невообразимому ещё каких-то тридцать лет назад качественному скачку в развитии систем передачи информации, которая теперь мгновенно с минимальными искажениями доходит до адресата в любой точке земного шара. И традиционные магистральные кабели, и электропроводка, и волоконно-оптические линии связи, и радиоканалы, и спутниковые системы ретрансляции информационных сигналов - все подобные линии передачи информации надёжно погружают человека в мировую паутину виртуального общения и различных телекоммуникационных услуг.

Казалось бы, сетевое единение людей - безусловно положительный фактор величайшего прогресса человеческого гения, поскольку всё земное человечество благодаря таким сетям становится единым культурно-мировоззренческим целым. Отмирают государства с их национальной идеологией, границами и обособленным законодательством, в результате чего в мире резко возрастает численность такой сверхнации, как "граждане мира". На самом же деле, безудержно бросившись в иллюзорный мир телематических сетей, человечество попало в гигантскую западню, освободиться из которой оно бессильно при тех умонастроениях, которые массированно проповедуются государственными органами власти, различными полуофициальными структурами, общественными организациями и движениями, а также общемировыми наднациональными организациями.

Осеменив умы земных учёных идеями небывалого взлёта в развитии всех сторон человеческой деятельности как персонального, так и общеземного масштаба на основе телематических услуг, внеземной технический разум в лице реально функционирующих телекоммуникационных сетей получил в своё распоряжение совершеннейший инструментарий эффективного управления в целом всей человеческой цивилизацией Земли. Технократический эгрегор после такого переломного события, в результате которого техносфера перешла на качественно новый уровень своего развития, стал усиливаться необычайно высокими темпами, превзойдя к настоящему времени по своей мощи многие древние эгрегоры, в том числе и эгрегоры ведущих мировых религий, ибо с каждым новым днём он всё в большей степени включает в свой состав эти уже несамостоятельные эгрегориальные образования. И этот процесс поглощения более слабых эгрегоров достаточно просто объясняется глубинным проникновением техногеники в ритуалы и обряды религиозных организаций, что ставит их в позицию управляемой структуры со стороны технического разума.

Сегодня становится всё более и более очевидным, что телематические сети за обозримо короткий промежуток времени превратились фактически в новый вид храмовых комплексов, где в виртуальном режиме ежесуточно с утра и до утра сотни миллионов пользователей сетей консолидированно возносят "молитвы" ненаречённому сетевому божеству, тем самым насыщая своей жизненной энергией молодой и чрезвычайно агрессивный эгрегор техносферы. Помимо этого, в результате интеграции интеллектуальных ресурсов человечества на основе телематических сетей возник развитый искусственный интеллект, который к настоящему времени усилился до такой степени, что де-факто превратился в полновластного глобального правителя всей земной цивилизации. Без постоянной подключённости к нему, без руководящих указаний и отселектированности информации с его стороны люди цивилизованного мира уже не мыслят своего существования. Таким образом, по существу телематические сети являют собой незыблемую материальную основу виртуальной реальности, которая была создана внеземным техническим разумом для всестороннего закабаления землян.

Именно по указанной причине в гиблой для человеческого естества среде этой виртуальной тюрьмы земных народов сегодня проходит передовая линия фронта священной битвы Родомыслов за право жизни биосферы Земли. Если не освободить людей из-под ярма технократических иллюзий виртуальной реальности сетевого капкана, не имеющих ничего общего с принципами жизни на планете, их ждёт незавидная судьба, давно предрешённая для человечества внеземным техническим разумом. В соответствии с его стратегическим замыслом, люди Земли вместе со всей биосферой обречены на самоуничтожение для освобождения жизненного пространства уже не будучи живой к тому времени Земли для кремниевой формы жизни. Этот процесс самоуничтожения землян как раз и призваны остановить Родомыслы, после чего градиент развития человечества должен быть повернут вспять и направлен на восстановление природного образа жизни людей на нашей планете.

Говоря о перманентных битвах Родомыслов в виртуальном мире глобальных телематических сетей, следует осветить вопрос и об оружии, которое они применяют в этих сражениях. Таким оружием, разящим порождения Тьмы, служат для Родомыслов жизненосные мыслеформы, в которых сконцентрирован сверхмощный духовный потенциал энергии Света. Эти мыслеформы в виртуальном пространстве мировой паутины привязаны к словам, фразам, высказываниям, графическим изображениям, фото- и видеоматериалам, звуковым записям, то есть ко всем тем следам, которые Родомыслы оставляют на виртуальных тропах фантомного мира телесетей.

Пользователи телематических услуг при осмыслении материалов, выложенных Родомыслами в сеть, оказываются под воздействием светоносных духовных вибраций, которые мыслеформы Родомыслов проводят в этот виртуальный мир Тьмы. Эти духовные вибрации, помимо освещения и расширения сознания таких пользователей, вносят диссонанс в сформированную внеземным техническим разумом виртуальную реальность, что как минимум тормозит развитие искусственного интеллекта сети. И чем духовно сильнее Родомыслы, работающие в сети, тем существеннее уменьшается вероятность наступления абсолютной власти сетевого искусственного интеллекта на Земле. Однако до тех пор, пока люди не перестанут боготворить телематическо-сетевое устроение земного мира, потенциальная угроза тотальной власти внеземного технического разума будет нависать над человечеством подобно Дамоклову мечу.

Естественно, хорошо понимая смысл деятельности Родомыслов, технический разум посредством своих многочисленных пособников из человеческого сообщества Земли, у которых ему удалось отключить разум, всячески противодействует Родомыслам в исполнении ими своей миссии. Именно с этим связаны все те многочисленные сбои и несуразности, которые в телесетях происходят с материалами Родомыслов. Поскольку Родомыслы не подвержены управляющим излучениям технической аппаратуры, посредством которой осуществляется доступ пользователей к сетевым ресурсам, создание неразумными пособниками античеловеческих планов технического разума всевозможных помех деятельности Родомыслов в сетях является, по сути, единственным способом противодействия их деяниям со стороны техносферы.

Но борьба есть борьба, и поэтому Родомыслы с пониманием относятся ко всем подобным способам противодействия своим деяниям, тем более, что это противоборство происходит на территории противника, где тот формально обладает всей полнотой власти.

Существует ещё одна заманка для Родомыслов: их могут во всех этих нескончаемых битвах так запутать, что в результате они впадут в состояние "борьбы ради борьбы", выпустив из виду конечную цель своей деятельности в сети. А этой стратегической целью является, ни много ни мало, выведение телесетей посредством повышения их вибрационного уровня из-под власти технического разума и перевод их под управление биосферы. В этом случае все информационные материалы, находящиеся в сети, будут вибрировать на гармониках Добра, Любви и Разума живой Земли, а те массивы информации, которые не смогут соответствовать такому вибрационному уровню, будут просто удалены из сетевого пространства.

Однако путь к данной цели труден и долг, но, как говорили наши предки, дорогу осилит идущий - нет сомнения, что Родомыслы и в виртуальном мире мировой сетевой паутины с честью выполнят свою благородную миссию. А иначе и быть не может, ведь за ними вся мощь биологической жизни Земли!

10.09.2010

ПОЗИЦИОНИРОВАНИЕ РОДОМЫСЛОВ В СИСТЕМЕ

Нынче стало чрезвычайно модным по поводу и без повода говорить о Системе. Особенно популярным употребление этого слова-понятия стало после выхода на экран фильма "Матрица". Когда хочется оправдать какую-нибудь собственную слабость, безволие или леность ума, наши современники часто прибегают к ссылкам на козни всесильной Системы, перечить или противодействовать которой человек якобы не в силах. Мол, во всех наших бедах виновата Система, она портит людям жизнь, её происками объясняются как личные неудачи людей, так и неразрешимые, как правило, вредоносные для людей проблемы государственного и международного характера.

Однако при таком широком распространении апелляций людей к этому всесильному явлению, обозначаемому словом "Система", мало кто способен более или менее обстоятельно дать определение Системе. Что это такое? Где это нечто загадочное и всепроникающее притаилось? Кто его создал? Ради каких целей Система наличествует в нашей жизни? Вопросов по поводу Системы и всего с ней связанного на самом деле весьма много. При этом на любой из подобных вопросов, к кому бы не обратиться с ним, обычно следует до-

вольно расплывчатый и многозначительный ответ, вносящий ещё большую сумятицу в умонастроения людей, уже патологически опасающихся реальных козней Системы в своём круге жизни, куда входят и родственники, и друзья, и работа с пресловутой необходимостью делания карьеры, да и просто физиологические отправления собственного естества.

Реально же под Системой следует понимать планетарную сущность, наделённую универсальным по своему проявлению искусственным интеллектом, являющимся органической частью инопланетного технического разума. Система понимаемая именно таким образом призвана осуществлять глобальную власть, используя для этой цели разнообразные прикладные проявления техносферы, специально созданной на планете в условиях урбанистической цивилизации при тотальном переводе всех взаимоотношений людей в социуме на денежную основу.

Инопланетный разум за прошедшие тысячелетия со времени создания основ техносферы Земли досконально отладил технологическую схему всестороннего воздействия как на отдельных людей, так и на любого уровня размерности человеческие сообщества. Такое совершенство повсеместного проявления чего-то неявного, неотвратимо вездесущего постепенно сформировало в среде людей различных национальностей и государственной принадлежности, относящих себя к общеземной урба-

нистической цивилизации, неоспоримый постулат абсолютной необоримости Системы. В результате, только при упоминании о том или ином конкретном проявлении Системы у граждан цивилизованных стран планеты мгновенно подавляется воля к любому, пусть даже крайне ничтожному, отклонению от установленных ею нормативов поведения людей на своей же родной планете. Эта, по сути, виртуальная сущность посредством изощрённых в своём совершенстве психофизических приёмов способна настолько глубоко проникать в человеческое сознание, что львиное большинство людей, относящих себя к цивилизованному миру планеты, уже к своему семилетнему возрасту окончательно и бесповоротно приобщаются к иллюзорной прострации, состряпанной для них Системой на высочайшем уровне человеческих вожделений сладострастия плотской жизни. И, как показывают многочисленные примеры, извлечь таких людей из этого континуума бесконечных сказок и чувственных заманок уже в принципе невозможно ввиду того, что покалеченное сознание этих жертв Системы ни за что не желает расставаться с уже так привычных для них теплотой и уютом тюремных камер, в которых они содержатся под охраной бдительных биороботов-надсмотрщиков, чрезвычайно эффективных порождений техносферы.

При всём при этом люди цивилизованного мира настолько привыкли существовать под тотальным прессом Системы, что их атавис-

тическое ежедневное прозябание, которое даже отдалённо нельзя соотнести с полнокровной жизнью свободных от вериг Системы природных людей, кажется им единственно возможным вариантом своего жизнепроявления на Земле. Сегодня цивилизованная часть человечества органически слила свои жизни с чужеродным для них миром Системы, фактически на добровольной основе предоставив себя ей в безграничное пользование. Этим рабам Системы достаточно в родственной им среде при обсуждении какого-либо вопроса аргументировать свою позицию или убеждение необходимостью соответствовать условиям лояльности к Системе, чтобы подобная аргументация возымела стопроцентный успех.

В связи с указанным положением дел, наличествующим среди наших цивилизованных современников, крайне актуальной становится проблема передачи, распространения и адекватного усвоения знаний, которые объективно представляют мир Земли в истинном свете в отличие от иллюзорности навязываемого Системой мира нереальных фантасмагорий. Злободневность этой проблемы подогревается довольно агрессивным поведением адептов Системы по отношению к носителям антисистемных знаний, когда ими без всяких сомнений целиком и полностью отвергаются любая информация, которая хоть на йоту отличается от мироустановочных постулатов Системы. Те же люди, которые хоть и интегрированы в общество, обустроенное в соответствии с принципами Системы, но по каким-то причинам ещё до конца не сформировались в качестве правоверных носителей идеологии Системы, как правило, стремятся так обойтись со случайно полученными знаниями об объективной реальности земного мира, отличными от повсеместно навязываемых в учреждениях, так называемого, образования, что в итоге или воспринимают только близкую к общепринятым стандартом миропонимания часть полученных знаний, или искажают на подсознательном уровне переданную им информацию, пытаясь достичь тем самым некоего внутреннего компромисса между объективной реальностью мира Земли и иллюзорным миром сокрытия правды от людей. Однако до сих пор ещё не было отмечено ни одного факта, когда подобная соглашательская позиция привела бы человека к истине и справной жизни в реальных условиях нашего мира. В таких случаях ложь и нечистоты мира Системы однозначно отравляют любые благие помыслы всех тех, кто стремится к подобному синтезу антагонистических подходов к проистечению человеческой жизни на Земле.

Если каких-то 20-30 лет назад человек обыденного сознания с невысоким уровнем духовных сил мог с той или иной степенью успешности выстроить уникальные для своей персоны взаимоотношения с ещё только набиравшей силу Системой, то сегодня, когда эта надчеловеческая сущность вошла в полную силу, у человека с подобным уровнем духовного развития остаётся всего два варианта отношений с Системой - либо полная интеграция в неё, либо полная изоляция от её жёсткой длани, на корню удушающей творческую свободу любого индивида. Третьего обычным людям уже не дано. Поэтому перед каждым ещё способным к автономности мышления человеком ныне во весь рост стоит проблема выбора своего варианта действий по отношению к Системе. И, что вполне предсказуемо, большинство людей, наглухо заблокировавших в себе любые ростки духовности под фронтальным влиянием Системы с её лживыми прелестями роскошной жизни человекообразных телесных оболочек, особо не задумываясь, отдают предпочтение интегративному варианту. И лишь незначительное число людей, не отказавшихся от духовного совершенствования своей бессмертной сущности, на удивление большинству своих родственников и друзей избирают путь изоляции от мертвящих объятий Системы.

Если говорить о позиции, которую занимают Родомыслы по отношению к Системе, то естественно она ближе к изоляционистам. Разница лишь в том, что в отличие от них Родомыслы в физическом плане живут как внутри пространства, контролируемого системой, так и вне его в природных кущах. Поскольку их миссия состоит в дезактивации техносферы с целью перевода на службу биосфере её отдельных частей, то, естественно, они действуют в прямом соприкосновении с Системой. И, конечно же, они не только знают как, но и умеют на практике блокировать порабощающее воздействие на себя со стороны Системы, олицетворяющей собою силы Тьмы. И она вынуждена мириться с существованием и миссионерской деятельностью Родомыслов в пользу биосферы, поскольку за ними стоят равные ей во вселенском равновесии силы Света.

Ввиду того, что в современном мире все явления действительности обладают колоссальным уровнем взаимовлияния, то и пребывающие в условиях изоляции от виртуального мира Системы люди подвергаются со стороны её структур той или иной степени воздействия, пусть даже и косвенного. В соответствии с принципом, гласящим, что любое действие имеет равное по силе противодействие, Система также испытывает воздействие на себя со стороны изоляционистов, что вполне естественно вызывает у неё негативный импульс, направленный на ликвидацию таких изоляционистов, дабы навсегда подавить в их лице очаги несогласия с её идеологией, мешающие ей в победном шествии по планете.

Именно по этой причине люди, сориентировавшиеся на максимально возможную изоляцию от Системы, на самом деле крайне нуждаются в помощи Родомыслов, которые в данном вопросе выступают в качестве субъектов, демпфирующих развитие событий, способных привести к уничтожению самого явления изоляционизма отдельных людей от Системы. Без миссионерства Родомыслов, берущих под свою опеку природных людей, у этих изоляционистов нет шансов долго прожить в автономии от хищных щупальцев Системы. При таком развитии событий ей не составит особого труда изыскать возможность установления своего всевластия и в их среде, жёстко подавив имеющееся у них стремление к человеческой жизни в естественной среде.

В силу изложенного, изоляционисты должны своим духовным оком отчётливо рассмотреть все имеющиеся у них проблемы, опознать Родомыслов, отличив их от людей Системы, довериться им и соотносить течение своей природной жизни с их деяниями. Это достаточно сложная и нетривиальная для природных людей задача, требующая от них для своего решения серьёзного уровня развития духа. И решить эту задачу необходимо во что бы то ни стало, ибо без этого им не скрыться от Системы, которая, возвернув их под свой контроль, уготовит им как бывшим отступникам весьма нелицеприятные условия существования.

Описанная выше коллизия прекрасно иллюстрирует то положение, в котором довольно часто оказываются Родомыслы. Это положение очень чётко выражается расхожей, но очень ёмкой фразой: "Свой среди чужих, и чужой среди своих". Но с этим ничего не поделаешь, а узнать Родомысла можно только по делам его.

18-19.01. 2011

Заключение
ПРИЗВАННОСТЬ РОДОМЫСЛОВ

Грозящая человечеству уже в обозримом будущем угроза полного исчезновения как вида спровоцирована мыслями и деяниями выдающихся земных учёных естественнонаучного толка и конструкторов множества конкретных технических аппаратов, созданных на основе теоретических изысканий указанных учёных. Техногеника, развитием которой так самозабвенно занимается человечество, представляет собой изощрённый инструмент самоуничтожения всех цивилизованных людей планеты, уже в принципе разучившихся жить вне мультифункциональной техносферы планеты. Комплексный анализ воздействия технического мира на мир людей позволяет без всяких сомнений утверждать, что исторически опосредованное поступательное повышение уровня технических достижений, к настоящему времени ставшее де-факто синонимом цивилизационного развития, однозначно приводит к угнетению всё новых и новых естественно-биологических функций организма человека. А из этого утверждения вытекает вполне закономерный вывод об умелом манипулировании различными областями научно-технического прогресса однозначно нечеловеческими силами, поскольку человек разумный никогда не стал бы с такой машинизированной методичностью, с таким маниакальным упорством в течение нескольких тысячелетий разрабатывать орудия самоуничтожения себя как вида разумной жизни.

Исходные цели научно-технического прогресса, инициированного на нашей планете инопланетным разумом посредством трансляций, носящих инструктивно-гипнотический характер, непосредственно в головной мозг учёных тупиковых античеловеческих идей, переводящих в состояние хаоса любую упорядоченную структуру, состояли во ввержении в спираль биологической инволюции как отдельно взятого человека, так и всего человеческого социума Земли в целом. Этим же целям, пусть и в завуалированном виде, служит научно-технический прогресс и сегодня. И по этой причине в каждом техническом изделии заключена энергия разрушения, излучение которой оказывает негативное воздействие на окружающую природную среду, включая и самого человека. Эта энергия хаоса притягивается к тому или иному виду технических устройств ещё на стадии их проектирования, а непосредственное насыщение ею образцов техники происходит во время производственного процесса.

Целый ряд технических изделий излучает заключённую в них негативную энергию на любые расстояния: подобные излучения достигают и чрезвычайно далёких по космическим масштабам галактик Вселенной. А это означает, что от излучения многих технических источников такой энергии людям невозможно скрыться, даже если они попытаются удалиться от них в диаметрально противоположную часть земного шара.

Другими словами в каждом современном техническом шедевре заключена та или иная технология ослабления биологической основы человека, а то и непосредственного умерщвления людей, попавших в сферу воздействия определённых технических изделий, пусть даже такое умерщвление ничего не подозревающих биологических жертв технических убийц, отрекламированных, как правило, в качестве полезных бытовых приборов, и растянется во времени. При этом как будто бы по чьей-то негласной указке с конца XX века практически во всех странах цивилизованного мира планеты резко снижены уровень и масштаб подготовки технических специалистов во всех без исключения наукоёмких отраслях. А ведь только высококвалифицированные технические специалисты способны распознать негативное воздействие того или иного технического аппарата на биосферу, грамотно соотнеся характер такого воздействия с соответствующей классификацией патогенных излучений.

Более того, сегодня в обществе донельзя принижен престиж инженерных профессий, что привело к оттоку из технических отраслей народного хозяйства громадного числа как специалистов высокой квалификации, так и талантливой молодёжи, не желающей обучаться трудоёмкому инженерному делу. В результате, вопреки всем доводам разума сегодня на наиболее важных общественных постах, особо ответственных с точки зрения обеспечения безопасности жизнедеятельности граждан, доминируют люди гуманитарного направления деятельности. Таким образом, сознательно игнорируется факт того, что оповещение гражданского населения об исходящей от техносферы опасности по отношению ко всем проявлениям органической жизни на планете - исключительная прерогатива опытных инженерно-технических работников соответствующей квалификации. Именно по этой причине в создавшихся условиях безудержной гонки широчайших масс представителей современной цивилизации за миражом всесторонней технической обустроенности своих жизней только боевитая дружина Родомыслов способна отвести от биосферы планеты уже явно обозначившуюся катастрофу необратимого исчезновения с лица Земли всех биологических существ, включая и самого человека.

Родомыслы своими деяниями не просто трубят сигнал тревоги, что, на самом деле, уже не актуально для сегодняшних дней, когда человечество вплотную подошло к той роковой черте, за которой нет ничего, кроме тотального порабощения техногеникой вырождающихся людей. Родомыслы, эти самоотверженные Воины Света, вопреки всем препятствиям и злопыханиям недоброжелателей, в активном режиме осуществляют действенные меры чрезвычайного характера по развороту вектора развития современной цивилизации с направления тотального подчинения человеческих сообществ техническим комплексам различного назначения на путь восстановления естественноприродных функций организма человека, которые сегодня блокированы и угнетены устройствами технической подмены. Когда этот судьбоносный для каждого человека вектор удастся развернуть на путь биологической эволюции, земляне, подобно их древним предкам, станут полноценно жить без каких-либо технических подпорок, которые на самом деле абсолютно вредоносны для природного человека и которые навязаны людям внеземным интеллектом технических цивилизаций Космоса ради уничтожения органической формы жизни на Земле. Человек, у которого восстановлены природные способности организма, активируя их, способен достигать поставленных целей во много раз эффективнее, качественнее и быстрей, нежели с применением технических приспособлений, являющихся всего лишь жалкой копией тех или иных биологических процессов.

Как отвернуть человечество с гибельной для него дороги в никуда? Как взять под неослабный контроль живущую уже самостоятельной жизнью земную техносферу? Как в переходный период заставить её работать на людей без нанесения им психофизиологических поражений? Ответы на все эти и другие подобные вопросы ведомы Родомыслам по рождению. Кроме того, они наделены особой миссией и в части обеспечения процессов сотворения справного общества светоносной Земли людей нового времени. И это веский довод в пользу того, что земляне во имя собственного спасения от деградации и вырождения должны всемерно поддерживать деятельность Родомыслов, каждый из которых является, по сути, горьковским Данко сегодняшних дней разгула сил Тьмы.

16.07.2010

РЕЧЕНИЕ РОДОМЫСЛА

Советскому Союзу за 70 лет своего существования удалось ценой невероятных усилий и лишений его населения создать мощнейший научно-технический потенциал. Вслед за тем, как в 1991 году страна с названием Союз Советских Социалистических Республик канула в Лету, обвально стал разрушаться и гигантский по мировым понятиям научно-технический комплекс государства. Подобно стае мерзких грифов-падальщиков, слетевшихся на кровавое пиршество к ещё живому телу павшего королевского слона, не далее как вчера величественно вышагивавшего среди толп своих почитателей, многочисленная, многонациональная и абсолютно безнравственная толпа расхитителей, приватизаторов, нечистых на руку чиновников, бездарных недоучек, откровенных вредителей, специалистов промышленного шпионажа и засланцев ведущих мировых корпораций стала раздёргивать, разворовывать, уничтожать, перекупать и просто отчуждать в свою пользу интеллектуальный задел одной из ведущих мировых держав научно-технического прогресса. О колоссальных масштабах научно-технических достижений страны Советов можно судить хотя бы по тому неоспоримому факту, что и по истечении двадцати лет этого безостановочного всемирного разграбления наработок советских учёных и инженеров ещё далеко не всё утилизировано, ещё не до всех пластов научно-технической гениальности народов Советского Союза сумели дотянуться своими липкими жадными лапами воришки различного пошиба и мастей.

Многие граждане современной России, напрямую причастные к созданию этого уникального по своей многомерности массива свершений совокупного разума советского научно-технического сообщества, воплощённого в различных технологиях и образцах техники, не устают задаваться уже, казалось бы, набившими оскомину вопросами: "Почему всё произошло именно подобным образом? Почему власти новой демократической России позволили безнаказанно свершиться этому акту международного вандализма в отношении своей страны? По какой такой веской причине все многочисленные усилия отечественной научно-технической интеллигенции по спасению от бессовестного разворовывания уникальных советских разработок ни к чему не привели? Почему интеллектуальный капитал великой страны по-дешевке ушёл за границу?..." Ответов на все эти и подобные им вопросы со стороны новой властной элиты как не было, так и нет до сих пор. И хотя для большинства думающих людей по данной проблематике всё уже предельно ясно, есть моменты, которые всё-таки требуют компетентных пояснений. К примеру, многие научно-технические работники уверены в том, что в данный процесс на самом критическом его моменте вмешалась некая третья сила неизвестного происхождения, но явно не человеческого характера. Эта сила не позволила сохранить и тем более преумножить всё то великое, что родилось и существовало в СССР в результате массового взлёта научно-технической мысли советских людей. Вопросов и различных гипотез по этому поводу действительно много, настолько много, что этот вал неизвестности может внести хаос в совершенный и упорядоченный ум любого выдающегося учёного наших дней.

Надо отметить, что среди какофонии и разноголосицы на учёных конференциях и симпозиумах, где рассматриваются подобные вопросы, никогда не слышно голосов Родомыслов. Эти люди не жалуют своим присутствием подобные собрания, ибо занимаются совсем другими делами. Однако в силу того, что успешная деятельность Родомыслов невозможна без знания ответов на приведённые выше вопросы, многим дерзающим истины людям будет весьма полезно ознакомиться с мнением одного из Родомыслов по этой проблеме, тем более, что это мнение весьма нестандартно и в своём роде довольно-таки оптимистично.

Итак, вслушайтесь в речение Родомысла и постарайтесь запомнить всё сказанное им, ибо вскоре его слова могут стать путеводными звёздами для природных людей.

"Человечество испокон веков живёт на Земле-матушке, которая есть живое существо со своим сверхразвитым разумом, с прекраснейшей душой чистейшего звучания и величайшей силой духа. Глупо думать, что живая разумная Земля равнодушно взирает на всё то, что вытворяют на её просторах человеческие индивиды. И уж тем более она неравнодушна к агрессивному вторжению в её пределы бездушного технического разума, происходящего с давно уже умертвлённой им удалённой галактической системы. Обо всех человеческих деяниях, о вероломных действиях внеземного технического разума, а также о многих других земных событиях, равно как и о задумках инородных пришельцев Земля имеет вполне адекватное представление, в соответствии с которым весь творимый на планете беспредел (а другим словом трудно определить развивающуюся в мире Земли ситуацию) будет прекращён ею весьма кардинальным образом в наикратчайшее время.

Тем силам, которые не прислушаются к ультиматуму Земли, придётся очень туго, поскольку вопреки любой возможной внешней помощи им будет отказано в дальнейшей жизни на нашей планете. И отказ этот нельзя будет не исполнить, поскольку он будет исходить непосредственно от Земли, которая долго терпела все несуразности своих детей в человеческом обличье и неэтичное поведение гостей с самым различным обликом их внешности.

Время безнаказанного глумление над телом Земли-матушки закончилось, и пощады варварам-разрушителям земной купели Света, Добра и Радости жизни ожидать больше не приходится.

Именно Земля, перешедшая в активное состояние межгалактической защиты и комплексного восстановления своего жизненного потенциала, является той самой третьей силой, проявление которой явственно ощущают многие земляне с конца прошлого века. Да, отныне всё происходит в нашем планетарном мире исключительно по соизволению непосредственно Земли-матушки. Теперь только в соответствии с её решениями проистекают все планетарные процессы как регионального, так и международного плана.

Основные же события, главенствующие в плане жизненной важности для судеб всего человечества, сегодня происходят на территории России, расположенной в древних пределах Руси Ведической. Все причины, объясняющие избранность России на роль спасительницы земного человечества, трудно даже просто перечислить, не говоря уже о том, чтобы подробно разобрать их для осмысления и осознания. Достаточно сказать, что в России находится сердце Земли-матушки, и значит, именно в духовном пространстве Руси Ведической сосредоточен её духовный разум. И, естественно, взаимодействие с духовным разумом Земли-матушки человечество осуществляет посредством русского языка - последним из живых языков современных народов, который хоть и с трудом, но всё же ещё понимает природное сообщество Земли. Именно в этом плане, собственно, и следует понимать богоносность русского народа.

В России народ всегда отличался мастеровитостью, ничем не искоренимым стремлением к изобретательству, то есть здесь, на территории Руси Ведической, руками и мыслями русских людей постепенно крепла и разрасталась та самая пресловутая техносфера, которая сегодня, войдя в полную силу, душит биологическую жизнь на Земле. Открытия и изобретения русских учёных и конструкторов помогали техносфере осуществлять качественные скачки и в своём общемировом совершенствовании. Но теперь под воздействием духовных импульсов Земли-матушки наступило время просветления русских людей, когда их творческая активность больше не фокусируется на техническом обустройстве жизни землян.

В настоящее время происходит сосредоточение творческих сил русских людей на идее возрождения природного начала человеческой жизни на Земле. И на первом этапе этого процесса возрождения они вместе с Землёй-матушкой занялись кардинальным демонтажем всей той техносферной паутины, которую под жёстким воздействием инопланетного технического разума усиленно создавали ускоренными темпами наши предки на священной территории Руси Ведической, нещадно губя её природу в угоду технократическому жупелу. Это объясняет весь тот процесс технической дезактивации, который сегодня происходит в целом по России, порой поражая наблюдателей своими масштабами, бескомпромиссностью и бесжалостностью к прежним достижениям в области научно-технического прогресса, которыми народы России так гордились, особенно - в течение всего XX века.

В нашей стране наблюдаются действительно знаменательные события, когда идея технизации в её гипертрофированном виде теряет свою безусловную значимость на территории Руси Ведической. Её место в человеческом обиходе занимают природные методы жизни, из века в век культивировавшиеся древними русичами. Естественно, это природное начало жизни во сто крат эффективнее всех тех техногенных подпорок, которыми внеземной технический разум опутал образ жизни цивилизованных землян. И эту эффективность природной жизни, которая включает в себя и восстановление всех заблокированных техникой естественно-природных способностей человеческих организмов, Россия призвана продемонстрировать всем людям планеты. Именно наша страна, стряхивая с себя технические оковы, в которые она оказалась закованной, начиная с эпохи Петра I, явит миру путь исконно человеческой жизни в отличие от пути техногенных биороботов, в которые к настоящему времени уже превратились многие наши современники.

Путь исконных людей с великой радостью и светлой лучезарностью благославляет наша Земля-матушка! Она гордится своими детьми, наконец-то, после длительного времени умопомрачения вновь обретших дорогу в истине всемирной!

Так наберёмся же мудрости великой, чтобы в божественном священнодействии, творя праведные дела, мужественно и несгибаемо идти по этой дороге, что приведёт всех нас к величайшим свершениям. И тогда все разумные силы Большого Космоса преклонят перед детьми Земли свои головы в знак истинного почтения к пройденному ими пути к Свету божественных миров Вселенной!"

27.01.2011

Список работ автора серии «Наследие древних Русов»

1. Манифестация античеловечности. Данная книга позволяет читателю разобраться в вопросах масштабного крушения традиционного культурно-национального образа жизни народов различных стран. Описан механизм образования на планете единого мирового государства, идеологической основой которого является концепция "нового мирового порядка". Определен ряд опаснейших факторов искусственного происхождения, угрожающих перспективе дальнейшего существования человечества на Земле.

2. Клич за Русь Ведическую. В представленной книге описаны важнейшие для конца XX века и начала XXI века общественные тенденции развития каждой страны мирового сообщества наций. Определена важнейшая для любого цивилизованного общества роль старшего поколения граждан страны. Выявлена разлагающая культурно-национальные устои тенденция обращения наиболее деятельного населения стран в "новые кочевники" (номады). Актуализирована роль духовноразвитых людей по сохранению естественных основ человеческой цивилизации.

3. Сила духа народов России. В книге на основе вековых культурных традиций Святой Руси намечены пути духовного возрождения народов России. Приведены конкретные примеры животворности русского языка. Рассмотрены мировоззренческие проблемы образовательной сферы и их влияние на личностный рост молодого поколения страны.

4. Биоэконометрика. Раскрытая в книге сакральная сущность денег позволяет человеку противиться жёсткому программированию всего его существа чрезвычайно эффективным финансовым механизмам, скрытым от глаз непосвящённых людей.. Эта книга призвана притянуть к себе именно тех людей, которые, осознавая изуверство денежной основы существующих общественных

отношений, способны будут развернуть развитие человеческих сообществ к безденежному мироустроению жизни на Земле.

5. Книга мудрости русских волхвов. Приведённые в книге жизнереченья являются частью свода мировоззренческих высказываний старцев Северной Руси. В жизнереченьях трактуются насущные вопросы жизни человека в современном обществе. Читателю предоставляется уникальная возможность соотнести свой обыденный образ мышления с старческой традицией, корни которой уходят в древность ведического времени жизни наших предков.

6. Славянский фрактал. В представленной работе автор стремится обозначить масштабы разрушения традиционного образа жизни славян. Выделены сильные стороны мирового славянства, что позволяет придать новый импульс тенденции укрепления национального духа славянских народов. Подробное описание методов уничтожения славянской цивилизации легионерами мировой закулисы призвано активизировать славянских мыслителей на проявление обережной философии в реальной жизни восточных, западных и южных славян.

7. Торжество биоразума. В книге рассмотрены наиболее существенные аспекты зловещей роли глобальной урбанизации в истории цивилизации землян. Описан механизм неотвратимого превращения природного человека в городоида (новый тип жителей городов) под влиянием городского образа жизни. Представлены этапы набирающего силу процесса исхода из городов людей, сохранивших свою естественную природу. Определены первостепенные деяния исходников в круге Родостава - природном образе жизни людей.

Наш адрес: 123182, Москва, а/я 24
Наш сайт: http://www. Shemshuk.net.
Электронная почта: vfpz1@yandex.ru;

Адреса магазинов, где можно приобрести наши книги

г. Архангельск Площадь Ленина дом 3, "Дом книги"
Тел. 8-8182-65-41-34; 65-38-79

г. Владивосток, ул Светланская дом 108 Е, магази «Познать себя»
тел. 8-4232-22-16-69

г.Иркутск ул. Фурье дом 8, Магазин, «Прода Литъ»
тел. 8-3952-200-917

г. Екатеринбург, ул. Антона Валика, дом 12, Магазин «Дом книги»
тел. 8-343-253-50-10

г. Ессентуки, "Россы" ул. Октябрьская дом 424,
тел. 8-87934-69-309

г. Калининград Торговая сеть "Книги & книжички"
Справочная служба 8-4012-65-65-68

г. Красноярск ул. Кирова 19, Магазин "Нагваль"
тел. 8-391-29-29-029

г. Кемерово ул. Ноградская, дом 5, Магазин "Кузбасская книга"
тел. 8-3842- 75-29-43

г. Кемерово ул. Ленина дом 35 Магазин "Кузбасская книга"
тел. 8- 3842-45-21-10

г. Омск ул. Красный Путь дом 22, Магазин "Живые мысли"
тел 8-3812-211-547

г. Омск ул. Маяковского дом 15, Магазин "Водолей"
тел 8-3812-320-877

г. Омск ул. Маломцева дом 18, Магазин "Фенист"
тел 8-3812-671-797

г. Самара Московское шоссе дом 15 "Чакони" ТЦ "Фрегат"
3-й этаж .тел. 8-846-331-22-33 Интернет магазин chaconne.ru

г. Тольятти ТЦ "Капитал" - первый этаж, ул. Дзержинского 21
тел. 8-8482-555-588; 955-889

г. Санкт Петербург Проспект Обуховская обороны дом 105
ДК им. Крупской ЗАО "Диамант" павильон 29-30
тел 8-812-365-91-00

г. Санкт Петербург Проспект Обуховская обороны дом 105 ДК
им. Крупской Эзотерическая литература 2-й этаж № 48
тел 8-812-365-02-30

г. Москва СК Олимпийский. Метро Проспект Мира

г. Москва ул. Крснопролетарская, дом 16 стр. 2, Магазин
"Путь к себе" тел. 8-495- 746-53-47

г. Москва Волгоградский проспект, дом 46/15 Магазин
"Помоги себе сам" тел. 8-495- 179-83-22

г. Москва ул. Долгоруковская, дом 29 Магазин "Просветление"
тел. 8-495- 251-21-08

г. Краснодар, ул. Ленина 101 "Детская книга" тел. 8-861-262-36-08

г. Краснодар, ул. Тургенева 134, "Когорта 7" тел. 8-861-259-66-53

г. Новороссийск, ул. Новороссийской республики, дом 1,
Магазин "Бестселлер" тел. 8-8617-67-61-62

г.Уфа, Проспект Октября 21 Магазин-салон "Лунный Свет"
Тел. 8-347-285-75-75

г. Челябинск, ул. Артеллирийская дом 124, Магазин «КнигаМакс»
тел. 8-351-775-46-89

г. Чебоксары ул. Гагарина дом 1, Центральный рынок
"Магазин АУМ" Тел. 8-927-996-94-73